O escritor e sua missão

Thomas Mann – Ensaios & Escritos

Clássicos e românticos*
Goethe, Schiller e Kleist

Discursos contra Hitler
Ouvintes alemães!

O escritor e sua missão
Goethe, Dostoiévski, Ibsen e outros

Memórias e confissões*
Escritos autobiográficos

Pensadores modernos
Freud, Nietzsche, Wagner e Schopenhauer

Travessia marítima com Dom Quixote
e outros ensaios

* Em preparação

Thomas Mann

O escritor e sua missão

Goethe, Dostoiévski, Ibsen e outros

Apresentação, revisão técnica e notas:
Johannes Kretschmer
Universidade Federal Fluminense (UFF)
Universidade do Estado do Rio de Janeiro (Uerj)

Tradução:
Kristina Michahelles

ZAHAR

Tradução autorizada de uma seleção de textos de Thomas Mann
(ver os créditos completos às páginas 207-8.)

Jorge Zahar Editor Ltda.
rua Marquês de S. Vicente 99 – 1º | 22451-041 Rio de Janeiro, RJ
tel (21) 2529-4750 | fax (21) 2529-4787
editora@zahar.com.br | www.zahar.com.br

A tradução desta obra contou com subsídios do Goethe-Institut,
apoiado pelo Ministério das Relações Exteriores alemão.

Grafia atualizada respeitando o novo
Acordo Ortográfico da Língua Portuguesa

Revisão da tradução: Samuel Titan (Universidade de São Paulo, USP)
Revisão tipográfica: Clara Diament, Tamara Sender
Capa: Rafael Nobre | Composição: Mari Taboada

CIP-Brasil. Catalogação na fonte
Sindicato Nacional dos Editores de Livros, RJ

Mann, Thomas, 1875-1955

M246e O escritor e sua missão: Goethe, Dostoiévski, Ibsen e outros / Thomas Mann; apresentação, revisão técnica e notas, Johannes Kretschmer; tradução, Kristina Michahelles; [revisão da tradução, Samuel Titan]. – Rio de Janeiro: Zahar, 2011.

(Thomas Mann: Ensaios & Escritos)

Tradução autorizada de uma seleção de textos de Thomas Mann
ISBN 978-85-378-0517-6

1. Literatura – História e crítica. 2. Crítica literária. I. Kretschmer, Johannes. II. Título. III. Série.

CDD: 809
11-5354 CDU: 82.09

Sumário

Apresentação

Johannes Kretschmer[1]

A obra do alemão Thomas Mann é conhecida no Brasil graças a seus textos ficcionais, sobretudo *Os Buddenbrooks*, *A montanha mágica* (magistralmente traduzidos por Herbert Caro) e *Morte em Veneza*. Ou o *Doutor Fausto*, que, como nenhuma outra obra da literatura alemã, se entretece com o destino da Alemanha.[2] Os tão belos, eruditos e instigantes ensaios sobre literatura, no entanto, mereceram pouca atenção. O presente volume, com doze desses textos, decerto ajudará a aproximar o público brasileiro do Mann ensaísta. Sua produção ficcional impressiona pela diversidade temática, o estilo primoroso e a argumentação refinada. Thomas Mann, premiado com o Nobel em 1929, manifestou-se constantemente a respeito das questões de seu tempo, comentando sobretudo os acontecimentos na Alemanha e refletindo sobre os "mistérios do nascimento e da morte",[3] a herança do passado e o futuro da cultura alemã e europeia. Hoje, sua produção ensaística é considerada parte da turbulenta história política, social e cultural da Alemanha moderna.[4] Mesmo assim, nem todos

[1] Johannes Kretschmer é professor dos institutos de Letras da Universidade Federal Fluminense e da Universidade do Estado do Rio de Janeiro.

[2] Ver neste contexto H. Ritter, *Notizhefte*, p.153.

[3] Ver *Doce sono*, texto incluído na coletânea *Ensaios*, p.25.

[4] Cf. H. Siefken, "Mann as essayist", in R. Robertson (org.), *The Cambridge Companion to Thomas Mann*, p.213s.

os ensaios ganharam uma edição crítica ou foram reunidos em livro, ainda.[5]

Os ensaios sobre literatura de Thomas Mann dialogam com sua produção ficcional desde o começo, traduzindo os interesses, preocupações e desafios que estimularam o escritor ao longo de sua existência artística. Vejamos um exemplo. No já citado *Doutor Fausto*, o músico e professor Wendell diz para o narrador, como se de passagem: "Se você se desassossega por causa da saúde, somente lhe posso dizer que ela, na realidade, pouco tem que ver com o intelecto e a arte. Até se encontra em certa oposição a ambos."[6] A afirmação do professor antecipa o destino de seu aluno, Adrian Leverkühn: a arte à qual ele se dedica, a composição de obras musicais, será essencialmente influenciada, se não determinada, por sua doença. A relação do intelecto com a "doença" fascinava Thomas Mann desde sua descoberta da filosofia de Schopenhauer e Nietzsche (e o leitor talvez pense também em um dos textos mais famosos e lidos da literatura alemã, *Morte em Veneza*). O *Doutor Fausto* foi escrito por Thomas Mann durante seu exílio nos Estados Unidos. Antes de publicá-lo em 1947, o autor interrompeu o trabalho por diversos motivos, inclusive a redação de outros textos. Um deles é o prefácio para uma edição de obras de Dostoiévski. Nesse texto, incluído na presente edição, Mann conclui a respeito do escritor russo: "Certas conquistas da alma e do conhecimento não podem existir sem a doença, a loucura, o crime intelectual." Para ele, a doença de Dostoiévski, epilepsia, está intimamente as-

---

[5] A editora Fischer está preparando a primeira edição completa dos ensaios em ordem cronológica, tendo publicado até o momento um terço da produção de Mann, em dois volumes, somando 2 mil páginas.

[6] Ver T. Mann, *Doutor Fausto*, p.97.

sociada a seu gênio e à sua produtividade. E o leitor do *Doutor Fausto* se recordará de que o nexo doença e arte ou as referências a Nietzsche são indispensáveis para a composição do romance! Há tópicos que Mann ora modela em seus textos ficcionais, ora recicla nos ensaios, tecendo inúmeras e múltiplas relações intertextuais. Para o autor, o status da ficção e o do ensaio parecem se confundir.[7] De maneira geral os seus ensaios manifestam o desejo de prestar contas da própria obra, de pôr ordem em ideias e de refletir sobre certos problemas estéticos.

Mas a obra ensaística de Mann não trata apenas de aspectos poetológicos; nela se mesclam ainda referências autobiográficas, culturais e políticas. Não apenas a correspondência e os diários de Thomas Mann ajudam a esclarecer quais eram as questões que ele julgava existenciais, como autodisciplina e a "hermenêutica da suspeita".[8] Os ensaios são igualmente ricos em alusões a experiências próprias. Em "O trabalho poético e o álcool" (1906), Mann discorre sobre a ascese do artista e a ética protestante do trabalho, considerando indispensáveis condições como "bom sono, frescor, trabalho diário, passeios, ar puro, poucas pessoas, bons livros, paz, paz..."[9] No ensaio sobre Hermann Hesse incluído aqui, Mann traça paralelos de vida e obra com seu "confrade" e acerta contas com desafetos: sem citá-lo nominalmente, menciona um "velho e reputado compositor de Munique, arquialemão e malévolo". Este cha-

---

[7] Mann diz "ter composto um ou outro ensaio que eu poderia incluir sem escrúpulos em um volume de curtos textos narrativos, e mesmo o caso inverso eu considero possível". Apud H.R. Vaget, "Die Erzählungen".
[8] Cf. E. Strowick, "Moderne Selbstdisziplinierung: Hermeneutik des Verdachts (Foucault, Nietzsche, Thomas Mann)".
[9] T. Mann, *Essays*, org. H. Detering.

mara a ele e a Hermann Hesse de "'miseráveis' que não querem compreender que nós, alemães, somos o maior e mais nobre dos povos". A resposta dada por Mann em seu ensaio não deixa dúvidas: "Durante toda a vida esse homem falou muita tolice." O tolo em questão é o compositor Hans Pfitzner, que, ligado ao nazismo, tornou-se um inimigo perigoso para Mann. Suas discordâncias levariam Pfitzner em 1933 a corredigir um panfleto intitulado *Protesto de Munique, cidade de Richard Wagner*, uma espécie de "excomunhão nacional" de Mann, nas palavras do próprio escritor.[10]

Aos olhos de Mann o presente não desvaloriza o passado, e o gesto por assim dizer pedagógico do ensaísta consiste em recordar a obra de escritores como Lessing em vista de questões contemporâneas. Nesse contexto vale dizer que Thomas Mann, à diferença de boa parte dos escritores alemães, assume em público posições políticas a respeito do nazismo. Este é um *leitmotiv* de sua produção ensaística a partir de meados dos anos 20,[11] e o leitor perceberá em alguns dos ensaios aqui reunidos referências argutas e claras ao movimento nazista. Eles se somam aos textos e discursos contra o regime de Hitler, produzidos nos quinze anos em que morou nos Estados Unidos, através dos quais Mann – um dos primeiros alemães a denunciar no continente americano a política nazista de extermínio dos judeus – procurou convencer a opinião pública americana da necessidade primeiro de participar da guerra e depois da extinção completa do nazismo. São célebres também

[10] Em viagem quando da publicação do panfleto, Mann não voltaria à Alemanha, sendo forçado a buscar exílio, junto com sua família.

[11] De acordo com Hermann Kurzke, Thomas Mann teria desenvolvido uma verdadeira teoria do fascismo. Ver H. Kurzke, *Thomas Mann*, p.222.

seus discursos dirigidos aos "ouvintes alemães", lidos por ele em alemão e transmitidos via rádio BBC durante a guerra.[12]

A contribuição não ficcional de Thomas Mann abarca aspectos os mais diversos: a Primeira e a Segunda Grande Guerra, cosmopolitismo e nacionalismo exacerbado, passado e futuro da Europa, o status do romance e do teatro alemão, socialismo e capitalismo, liberdade e paz, o Wagner alemão e o europeu etc. Mann atende a solicitações de jornais, inclusive de alguns de menor circulação, pois deste modo ele pode realizar exercícios formais e pensar os desafios que lhe são os mais caros. Para Thomas Mann o ensaio é um lugar de reflexão sobre a concepção da arte e da ficção em uma sociedade fundamentada em valores burgueses. O ensaio permite, ademais, reagir às tendências do tempo e à própria "irritabilidade e nervosidade perceptiva".[13] E assim ele produz resenhas de livros, retratos de autores, respostas a questionários de jornais e rádios, homenagens a aniversariantes, discursos fúnebres, cartas a destinatários fictícios e reais, impressões de viagens, interpretações e comentários da própria obra. E também, claro, indagações sobre fenômenos literários, estéticos e filosóficos, mais tradicionalmente associados ao gênero do ensaio.

Uma questão muitas vezes levantada pelos comentaristas é em que medida os ensaios de Thomas Mann ajudam a iluminar as particularidades dos escritores por ele enfocados.[14]

---

[12] Reunidos em *Discursos contra Hitler: Ouvintes alemães!*.

[13] T. Mann, *Gesammelte Werke*, vol.XII (doravante GW), p.105.

[14] De acordo com um dos intérpretes de Mann, H.-J. Gerigk, os princípios de interpretação adotados pelo ensaísta Mann consistiriam em fixar na obra estudada a experiência humana historicamente modelada e em relacionar tal experiência à biografia do autor. Deste modo, Mann se furtaria a qualquer análise abstrata e poetológica de textos literários, limitando-se a

Johann Wolfgang von Goethe é o autor da tradição literária a quem Mann se dedica com mais frequência, e não apenas por se tratar de uma referência "clássica" na cultura alemã. A seguinte citação comprova a importância de Goethe para Mann: "Gosto imensamente de Goethe porque o compreendo, porque me espelho nele, me encontro nele constantemente, e de forma mais clara e nítida do que em mim mesmo."[15] O processo de aproximação e apropriação é longo. *Morte em Veneza* é um marco. E no decorrer dos anos 20, quando se fortalece a convicção de Mann de que o contexto político e social exige mudanças profundas, o autor da *Montanha mágica* se sente seguro o suficiente para declarar possíveis afinidades com Goethe – o *Bürger* Goethe, o representante de uma burguesia comprometida com determinados valores, a qual Mann considerava, ao menos até o começo dos anos 30, como a única capaz de garantir as melhores condições para o desenvolvimento republicano da cultura alemã. A confissão pública em favor do cidadão Goethe culmina nos três grandes ensaios publicados em 1932 (um deles incluído aqui), além de influir diretamente na concepção dos romances *Lotte em Weimar* e *José e seus irmãos*. Mas, se Thomas Mann se sente mais próximo de Goethe do que de si mesmo, isto também a ver com um desejo frequentemente perceptível: tornar-se, depois de Goethe, o representante-mor da cultura alemã.

---

comparar as próprias premissas com aquelas que supõe serem as do autor interpretado. No caso do romance *Anna Karenina*, de Tolstói, Mann teria insistido em sua própria visão, o "autoesquecimento estético", e portanto não teria entendido o que Gerigk chama de "ética" do escritor russo. Ver H.-J.Gerigk,"Thomas Manns 'Anna Karenina'. Überlegungen zu Humanität, Hermeneutik und Poetologie".

[15] T. Mann, *GW*, vol.X, p.328.

Alguns dos ensaios de Thomas Mann sobre literatura tiveram êxito memorável, como esses textos acerca de Goethe e Wagner, ou o estudo dedicado a Theodor Fontane em 1910. Esse ensaio foi decisivo para a "canonização" do Fontane romancista como o principal escritor do realismo alemão. Já Brecht ou Kafka ganharam poucas menções. Mas a ausência desses autores não tira de Thomas Mann o mérito de ter sido um dos maiores ensaístas a escrever sobre a literatura alemã, como declara Marcel Reich-Ranicki, hoje o mais influente crítico literário de língua alemã.[16] De acordo com Reich-Ranicki, Mann não teria sido um "crítico literário", pois este é alguém que estuda detalhadamente as obras interpretadas, valendo-se de diversas fontes; se interessa pela produção contemporânea, contribuindo para a descoberta de um autor; sintetiza o conjunto da tradição e coloca, assim, ordem na casa. Thomas Mann, contudo, não pretendia se exercitar na avaliação filológica ou judicativa de textos literários, nem sempre discorre sobre questões poetológicas das obras estudadas[17] e às vezes se vale de uma única fonte para escrever um ensaio (como no caso de Lessing). Uma pista valiosa que ajuda a entender uma das estratégias narrativas mais caras ao ensaísta Mann se encontra em um ensaio sobre Hauptmann: "Por fim, o que importa a análise? Vamos nós, amigos, contar anedotas. Também agora quero proceder desse modo, me saio melhor assim."[18]

O escritor e sua missão reúne textos que Thomas Mann dedicou a autores de várias tradições culturais. Antes de

---

[16] Cf. o ensaio de Reich-Ranicki em H. Koopmann (org.), *Thomas Mann Handbuch*.

[17] Cf. por exemplo a crítica de Horst-Jürgen Gerigk.

[18] T. Mann, *GW*, vol.X, p.470.

esboçarmos o contexto de produção e publicação dos doze ensaios reunidos nesta edição, uma última palavra sobre os procedimentos adotados por Mann na redação de seus textos. As inúmeras referências às obras dos autores abordados e a seus próprios ensaios, romances e contos nem sempre são explícitas, e raramente vêm acompanhadas de notas; por não se tratar aqui de uma edição comentada, mantivemos esse princípio, tal como pensado pelo autor, acrescentando notas somente quando imprescindível para a compreensão do texto.[19]

"Sobre Heinrich Heine" abre esta coletânea. Em 1926, Thomas Mann publicou esse pequeno texto no intuito de defender um monumento em homenagem a Heine, um dos escritores que mais estimava. As tentativas alemãs de reconhecer de forma simbólica a contribuição de Heine são um capítulo à parte, e a alcunha "judeu-artista" dada por Mann a Heine[20] já esclarece o enorme desafio com que os defensores do poeta tiveram de lidar: as pressões antissemitas e ultranacionalistas. No final do século XIX, nem mesmo na cidade natal de Heine, Düsseldorf, seus admiradores conseguiram inaugurar uma estátua para celebrar o centenário de seu nascimento.[21] Thomas

---

[19] As notas contidas nos ensaios traduzidos neste livro se baseiam tanto nas edições críticas disponíveis na Alemanha quanto nas demais edições utilizadas, referidas na bibliografia que se segue a esta Apresentação. Vale relembrar que só um terço da produção ensaística de Mann foi publicado até hoje pela editora Fischer, no contexto da *Große kommentierte Frankfurter Ausgabe*.

[20] A alcunha "judeu-artista" se encontra em "Notiz über Heine", de 1908.

[21] A estátua acabou sendo instalada em 1899 no Bronx, em Nova York, onde pode ser vista até hoje.

Mann escreveu seu ensaio em setembro de 1925, em vista de um outro plano de construir um monumento para Heine (que também estaria destinado ao fracasso). Um terceiro projeto foi realizado, mas após poucos anos adeptos do nazismo removeram a escultura. Em seu ensaio Thomas Mann demonstra plena consciência do que a hostilidade com relação a Heine poderia significar para a imagem da Alemanha no exterior: o caso Heine "há de despertar no resto do mundo ideias sombrias acerca do nosso estado de alma".

O curto e importante ensaio **"Ibsen e Wagner"**, escrito em 1928, é a resposta de Thomas Mann a uma pesquisa sobre Henrik Ibsen feita pelo jornal dinamarquês *Politiken*. O diálogo com a obra de Richard Wagner é tão decisivo para Mann como a aproximação de Goethe. Basta citar, dentre os seus inúmeros textos e manifestações acerca do compositor, o seguinte comentário: "Wagner é o artista que melhor compreendo e conheço e em cuja sombra eu vivo."[22] No ensaio aqui incluído, junto com Wagner aparecem Ibsen e sua obra simbolista e alegórica. Para Mann, os dois seriam os típicos representantes oitocentistas do "espírito artístico do mundo nórdico-germânico". A contribuição principal de Wagner e Ibsen: terem aperfeiçoado a ópera e o drama social.

O ensaio intitulado **"Tolstói – no centário de seu nascimento"** foi escrito no mesmo ano que o texto sobre Ibsen e Wagner e é o primeiro dos três textos sobre a literatura russa incluídos no presente volume. Nenhuma outra tradição literária além da alemã fascinou Thomas Mann tanto como a russa. A

---

[22] Cf. I. Jens (org.), *Thomas Mann an Ernst Bertram*, p.92.

leitura de *Guerra e paz* e de *Anna Karenina*,[23] de Leon Tolstói, foi importante para a composição de seus romances *Os Buddenbrooks* e *A montanha mágica*. Em um de seus ensaios obre o escritor russo, Thomas Mann o compara com Goethe ("Goethe e Tolstói"). Todavia, na homenagem por ocasião do centenário do escritor russo, Mann não deixa de expressar sua principal dúvida: a suposta falta de "espírito" de Tolstói. "Deveríamos ser suficientemente honestos para admitir que para nós, que temos Goethe, a ânsia por espiritualização desse outro filho da natureza – Tolstói – preso no absurdo e na quase selvageria, parece o esforço digno e desamparado de um bárbaro pueril rumo à dimensão da verdade e do humano, espetáculo ao mesmo tempo grandioso e deplorável."

Vale lembrar que Thomas Mann publicou seu ensaio numa época em que via com clareza a ameaça do fascismo. O que naquele momento chamou sua atenção foi sobretudo o ímpeto moral de Tolstói. Daí se explica a exortação ao leitor de não ceder ao "temor à injúria, ao assédio moral e ao ódio dos imbecis".

O **"Discurso sobre Lessing"** foi proferido em janeiro de 1929 por ocasião do aniversário de duzentos anos de Gotthold Ephraim Lessing, poeta, dramaturgo, crítico de arte e filósofo, autor de marcos como *Laocoonte, Emilia Galotti* e *Natã o sábio*. Thomas Mann aceitou o convite da Academia das Artes em Berlim, discursando perante escritores republicanos e seguidores do nazismo sobre Lessing, um dos raros autores do século

---

[23] Mann considera *Anna Karenina* o "romance social mais poderoso da literatura mundial". Cf. o ensaio "Tolstói – no centenário de seu nascimento", neste volume.

XVIII a merecer um texto seu. Mann critica o Iluminismo, que teria dado lugar a "um conceito de vida mais cheio de sangue, profundo, trágico", i.e., a uma concepção mais literalmente *vital*. Mas ele próprio relativiza sua crítica ao propor um equilíbrio entre "vitalidade" e intelecto: "No espírito e em nome de Lessing, devemos ir além de qualquer tipo de fascismo para atingir uma união entre sensatez e sangue que, só ela, merecerá o nome de humanidade plena." E mais uma vez não faltam referências a textos ficcionais que Mann estava escrevendo naquela época: o "tipo mítico" a que alude o ensaio seria explorado por Mann em seu romance em quatro partes *José e seus irmãos*: Lessing, como José, é um tipo "fundador, em que vidas futuras se reconhecem".

Em 15 de julho do mesmo ano, morria o poeta e dramaturgo austríaco Hugo von Hofmannsthal. A pedido do jornal *Neue Freie Presse*, Thomas Mann escreve **"*In memoriam* Hugo von Hofmannsthal"**. O necrológio é publicado em um suplemento que contém ainda contribuições de seu filho Klaus Mann e do também escritor Franz Werfel. A notícia da tragédia na casa do poeta em Rodaun, Áustria, correu o mundo: prestes a sair para o enterro de um de seus filhos, que se suicidara dois dias antes, Hofmannsthal é vítima de um AVC. Stefan Zweig declarou que, com a morte de Hofmmansthal, "a velha Áustria chega ao fim". Autor de obras clássicas como *Uma carta*,[24] *Jedermann* ou *Electra* (o libreto da ópera de Richard Strauss), já aos dezessete anos Hofmannsthal foi considerado o poeta prodígio da monarquia austro-húngara, e no limiar do século XX, aos

---

[24] O leitor brasileiro encontra uma tradução recente da Carta de Chandos (a cargo de Carlinda Fragale Pate Nuñez), acompanhada de um texto introdutório (de Johannes Kretschmer) e de uma análise instigante (de David Wellbery), em C.F.P. Nuñez e M.C. Monteiro (orgs.), *Traduzibilidade*.

25 anos, tornou-se uma lenda da literatura europeia. Thomas Mann o conhece em 1908, e sua relação com o "irmão" era marcada não apenas pelo respeito habitual, como no caso de outro expoente da "modernidade vienense", Arthur Schnitzler, mas também pela admiração.

Em 1932, no centenário da morte de Goethe, Thomas Mann volta à Academia das Artes de Berlim. O título de seu discurso é programático: **"Goethe como representante da era burguesa"**. Se em 1921 Mann ainda ressalta a dimensão antiburguesa e demoníaca da obra goethiana (no já mencionado "Goethe e Tolstói"), agora, diante de uma plateia cuja ala nazista insistia na imagem de um Goethe populista, irracional e ultranacionalista, celebra-o como o "burguês" comprometido com o intelecto e uma particular visão da cultura e do mundo. A burguesia contemporânea é exortada a se emancipar de "ideologias mortas" e a defender uma nova "ordem" que deveria ser "racional" e mais "adequada ao estágio atingido pelo espírito humano". O próprio Thomas Mann, no entanto, já considera a abdicação da burguesia um fato consumado, convencido de que ela perdera a capacidade de liderança e organização social. Nesse mesmo ano, Mann escreveu ainda outros dois importantes textos sobre Goethe: "À juventude japonesa", um discurso, e "A carreira de Goethe como escritor".

Outro escritor intensamente lido e estudado por Thomas Mann é Dostoiévski. As *Considerações de um apolítico* (1919) são um belo exemplo de como Mann vê no russo um visionário capaz de distinguir o papel singular da cultura alemã no mundo ocidental e de prever a "catástrofe europeia". O ensaio incluído aqui, **"Dostoiévski, com moderação"**, é igualmente rico em intuições e foi escrito em julho de 1945 a convite da editora Dial

Press, de Nova York, para ser o prefácio à obra *The Short Novels of Dostoevsky*.

Dois anos depois, Thomas Mann publica **"Hermann Hesse – homenagem ao seu 70º aniversário"**, texto congratulatório que lhe tinha sido pedido pelo jornal suíço *Neue Zürcher Zeitung*. Hesse e Mann já se conheciam desde 1904. Sua correspondência por carta se inicia devido a um comentário que Hesse, um dos resenhistas mais produtivos da história da literatura alemã, publica sobre *Sua Alteza real*, o segundo romance de Mann. Os laços de amizade e admiração se fortaleceriam nos anos 30, sobretudo por causa da ascensão do nazismo. Com Hitler no poder, Mann, após a perda de "pátria e lar", começa a visitar Hesse com frequência em seu exílio na Suíça. No ensaio aqui reproduzido, Mann recorda: "Naqueles dias confusos, não havia nada mais confortador, mais salutar, do que as conversas com ele." A uni-los também o fato de poucos romances terem sido tão bem-sucedidos em sua análise da tragédia alemã, e tão malcompreendidos até hoje, quanto o *Doutor Fausto*, de Mann, e *O jogo das contas de vidro*, de Hesse.

"Bernard Shaw" é outro necrológio incluído neste volume e foi lido e transmitido pela BBC em 1950. George Bernard Shaw foi o dramaturgo preferido de Thomas Mann, depois de Shakespeare, naturalmente. Certa vez Mann escreveu: "As horas mais iluminadas e engraçadas que passei em minha vida no teatro foram aquelas com as obras de Bernard Shaw."[25] Mann lia Shaw ainda pouco antes de sua morte quando estava preparando uma peça de teatro (de título provisório *O casamento de Lutero, Luthers Hochzeit*).

---

[25] T. Mann, *GW*, vol.XIII, p.822.

O ensaio **"Gerhart Hauptmann"** é fruto de um discurso que Thomas Mann proferiu em 1952, por ocasião do nonagésimo aniversário do naturalista, ganhador do prêmio Nobel de literatura de 1912. Hauptmann, autor de peças de teatro ainda hoje reconhecidas, como *Os tecelões* ou *Os ratos*, falecera seis anos antes. Apesar de não se deixar de todo instrumentalizar pelo nazismo, manchara sua reputação com uma conduta ambígua ao longo do Terceiro Reich e sua inclinação a gestos oportunistas e concessões estéticas.[26] Célebre é o retrato de Hauptmann como Mynheer Peeperkorn da *Montanha mágica*. Como se sabe, Mann era um observador arguto e "inventava" poucas de suas figuras literárias; no texto aqui incluído, ele se manifesta de maneira apologética sobre esse poder complexo de observação, insistindo que o personagem teria sido uma homenagem ao "Rei da república" (como o chamara em 1922), e não uma traição. Não importa se o criador de Peeperkorn foi tomado pela volúpia do regicídio ou não: aqui ele discorre sobre um problema estético, a modelagem de personagens literárias, que o fascinava desde *Os Buddenbrooks* e que o levou a escrever o célebre ensaio "Bilse e eu" (1906). E quem discordaria de Mann quando ele afirma que Peeperkorn poderá legar aos pósteros a "maior figura na dimensão humana e pessoal que já conheci", e isto muito melhor "que muitas monografias críticas"?

Em **"Fragmento sobre Zola"**, escrito em dezembro de 1952 a pedido de Louise Servicen, a tradutora francesa de Thomas Mann, e publicado pela primeira vez sob o título "Zola et l'âge

---

[26] Cf. o livro de P. Sprengel, *Der Dichter stand auf hoher Küste*.

d'or", na coletânea de ensaios *Présence de Zola*, Mann alude ao caso Dreyfus. (Lembremos: em *J'Accuse*, carta aberta ao presidente da República, Zola exige a retomada do processo contra Alfred Dreyfus, oficial judeu do exército francês acusado injustamente por traição à pátria e condenado à pena perpétua.) É sobretudo o engajamento social do naturalista francês, e não *Nana* ou outros de seus textos, que chama a atenção de Thomas Mann. Afora esse ensaio, são escassas as referências a Zola em sua obra.[27]

E esta seleção de textos de Thomas Mann sobre literatura se encerra com o **"Ensaio sobre Tchekhov"**. Mann o escreveu em 1954, quando do cinquentenário da morte do escritor russo. No ano seguinte, a BBC transmitiu uma versão reduzida do ensaio e a revista *Nowy Mir* publicou uma tradução integral em Moscou. No caso de Mann, uma leitura mais cuidadosa de Tchekhov é relativamente tardia, e a experiência central é a descoberta do conto "Uma história enfadonha". A simpatia pelo autor, esse "irmão no sofrimento", se dissemina por toda parte nesse ensaio: o ceticismo do russo ("não se conhecem as respostas às últimas perguntas"), o ethos do artista que precisa consumir todas suas energias para levar a cabo a sua produção, o foco na dimensão social do trabalho do escritor. Chega a ser comovente como Thomas Mann se coloca no lugar de Tchekhov – e de um de seus personagens, vale dizer, "na pele do herói idoso da 'História enfadonha' que fica devendo resposta à pergunta 'o que devo fazer?';

---

[27] Uma das poucas vezes em que ele o evoca é ao classificar de "artigo *J'Accuse*" um texto seu de 1950, não publicado na época, em que analisa a política americana pós-guerra. Trata-se de "Anläßlich einer Zeitschrift", incluído em H. Kurzke e S. Stachorski (orgs.), *Essays*, vol.6.

irmãos no sofrimento que não conseguem nomear o sentido do seu trabalho – e que, no entanto, trabalham, trabalham até o fim".

BIBLIOGRAFIA CONSULTADA

Gerigk, Horst-Jürgen. "Thomas Manns 'Anna Karenina'. Überlegungen zu Humanität, Hermeneutik und Poetologie", in Heinrich Detering e Stephan Stachorsk (orgs.), *Thomas Mann. Neue Wege der Forschung*. Darmstadt, Wissenschaftliche Buchgesellschaft, 2008, p.142-57.

Hofmannsthal, Hugo von. *Uma carta*. Tradução Carlinda Fragale Pate Nuñez, in Carlinda F.P. Nuñez e Maria Conceição Monteiro (orgs.), *Traduzibilidade: A tradução em perspectiva*. Rio de Janeiro, Caetés, 2009.

Jens, Inge (org.), *Thomas Mann an Ernst Bertram. Briefe aus den Jahren 1910-1955*. Pfullingen, Neske Verlag, 1960.

Koopmann, Helmut (org.). *Thomas-Mann-Handbuch*. Frankfurt Fischer, 3ª ed., 2005.

Kurzke, Hermann. *Thomas Mann. Epoche-Werk-Wirkung*. Munique, Beck, 1985.

Mann, Thomas. *Discursos contra Hitler: Ouvintes alemães!*. Rio de Janeiro, Zahar, 2009.

_____. *Doktor Faustus. Das Leben des deutschen Tonsetzers Adrian Leverkühn, erzählt von einem Freunde*. Edição comentada por Ruprecht Wimmer, com a colaboração de Stephan Stachorski. Frankfurt, Fischer, 2007.

_____. *Essays (Große kommentierte Frankfurter Ausgabe)*. Frankfurt, Fischer, 2002. Vol.1: 1893-1914, edição comentada por Heinrich Detering; vol.2: 1914-1926, edição comentada por H. Kurzke.

_____. *Essays*. Organização Hermann Kurzke e Stephan Stachorski. Frankfurt, Fischer. 6 vols., 1993-97.

_____. *Ensaios*. Seleção Anatol Rosenfeld. São Paulo, Perspectiva, 1988.

_____. *Doutor Fausto*. Tradução Herbert Caro. Rio de Janeiro, Nova Fronteira, 1984.

_____. *Goethe's Laufbahn als Schriftsteller. Zwölf Essays und Reden*. Frankfurt, Fischer, 1982.

_____. *Essays. Vol.1: Literatur*. Organização Michael Mann. Frankfurt, Fischer, 1977.

______. *Gesammelte Werke in dreizehn Bänden*. Frankfurt, Fischer, 1974.

Michels, Volker. "'Spitzbübischer Spötter' und 'treuherzige Nachtigall'? Thomas Mann und Hermann Hesse", *Exil*, Caderno 2, 1997, p.11-25.

Renner, Rolf Günter. "Literarästhetische, kulturkritische und autobiographische Essayistik", in Koopmann, Helmut (org.), *Thomas-Mann-Handbuch*. Frankfurt, Fischer, 3ª ed., 2005, p.629-77.

Ritter, Henning. *Notizhefte*. Berlim, BerlinVerlag, 2010.

Siefken, Hinrich. "Mann as essayist", in Ritchie Robertson (org.), *The Cambridge Companion to Thomas Mann*. Cambridge, Cambridge University Press, 2002, p.213-25.

Sprengel, Peter. *Der Dichter stand auf hoher Küste. Gerhart Hauptmann im Dritten Reich*. Berlim, Propyläen, 2009.

Strowick, Elisabeth. "Moderne Selbstdisziplinierung: Hermeneutik des Verdachts (Foucault, Nietzsche, Thomas Mann)", in Irmela Krüger-Fürhoff e Tanja Nusser (orgs.), *Askese. Geschlecht und Geschichte der Selbstdisziplinierung*. Bielefeld, Aisthesis, 2004, p.207-27.

Vaget, Hans Rudolf. *Seelenzauber. Thomas Mann und die Musik*. Frankfurt, Fischer, 2006.

______. "Die Erzählungen", in Helmut Koopmann (org.), *Thomas-Mann-Handbuch*. Frankfurt, Fischer, 3ª ed., 2005, p.534-618.

Sobre Heinrich Heine

FOSSE FILHO DE OUTRO PAÍS, Heinrich Heine, um dos espíritos mais graciosos, livres, ousados e puramente artísticos que a Alemanha já produziu, há muito tempo já teria seu monumento. Nossa recusa há de despertar no resto do mundo ideias sombrias acerca do nosso estado de alma e certamente não servirá para nos granjear simpatias.

Não é verdade que Heine fosse inimigo da Alemanha. Todos os grandes alemães, como Goethe, Hölderlin, Nietzsche, foram educadores, e não bajuladores, do universo germânico [*Deutschtum*]. Assim como eles, Heine sofreu com certos aspectos sombrios da natureza alemã e os usou para exercitar sua sagacidade dolorosa. Mas, como tudo o que sentia, seu afeto pela Alemanha não raro beirava o sentimentalismo, e se a ocasional aparência de frieza e descomprometimento patriótico fosse motivo para privar de homenagem um espírito poético, Goethe tampouco deveria ter estátuas.

No tocante à sua relação com a *França*, é preciso dizer que, desde jovem, originário da região do Reno, Heine, assim como Goethe, estava particularmente exposto ao encanto com que a cultura francesa cativava o mundo. Admirava a França, assim como Goethe, que dizia ser demasiadamente devedor da cultura daquele país para conseguir odiá-lo;[1] e, em sua condição

[1] Alusão ao capítulo XVI do Livro V de *Os anos de aprendizado de Wilhelm Meister*, quando Aurélie afirma odiar a língua francesa e Wilhelm responde:

de escritor, Heine soube adequar a filosofia e a literatura alemãs ao sabor dos franceses. Seu empenho político visava a pacificar e aplacar o continente com base no entendimento e na amizade entre duas grandes civilizações – a Alemanha e a França – que, na sua opinião, haviam sido criadas para se complementar e não para se destruir mutuamente. Nada disso é infame. São convicções às quais qualquer pessoa voltada para a vida era levada pelos acontecimentos tenebrosos nos dois países.

O caráter humano de Heine não era isento de fraquezas. Era vaidoso, altamente suscetível, altamente vingativo. Endereçou um panfleto vil, venenoso e baixo contra Platen,[2] o nobre artista dos sonetos venezianos, o qual, admita-se, provocara-o por meio de sátiras. Esse panfleto até hoje é pior que qualquer outra coisa que ele produziu de escritos severos ou irônicos sobre a Alemanha. Quem, no entanto, acredita na honra alemã deveria lembrar que os mestres do *Lied* alemão, Schubert e Schumann, não julgaram rapinagem[3] vestir com música a poesia mais pura de Heine. E se, na Alemanha, um certo círculo esotérico-nacionalista-pedagógico[4] julga-se no dever de torcer o nariz para Heine, não deve esquecer o que o mestre

---

"Como se pode ser inimigo de uma língua … à qual se deve a maior parte da própria formação?"

[2] A publicação, em 1829, de *Die Bäder von Lucca* (*Os banhos de Lucca*), de Heinrich Heine, gerou uma das maiores polêmicas do século XIX. No livro, Heine ataca o conde August von Platen. Acerca desta polêmica, Thomas Mann se manifestaria de forma mais detalhada três anos depois do presente texto, em 1930, em seu ensaio "Platen – Tristan – Don Quichotte".

[3] Alusão a um verso do hino a Cristo composto pelo apóstolo Paulo na *Carta aos Filipenses* em que Paulo afirma que "Cristo, que é de condição divina, não considerou rapinagem ser igual a Deus" (Fil 2,6).

[4] Thomas Mann se refere aqui ao poeta Stefan George e seu círculo de seguidores.

de seu mestre, Nietzsche, disse quando o assunto era prosa alemã: Heine e eu.

Se a Renânia deseja erigir uma estátua ao poeta da *Loreley*,[5] a Alemanha inteira deveria apoiar a empresa com alegria. Pois, graças ao brilho e ao encanto de seu espírito, ele fez uma contribuição infinitamente maior para o bom nome da Alemanha do que seriam capazes aqueles que se engajam fanaticamente contra um tal ato de gratidão nacional.

---

[5] Heine, autor do poema, "Ich weiss nicht, was soll es bedeuten", conhecido como a *Canção da Loreley* e que passou a ser patrimônio popular. O poema foi publicado em 1927 no *Cancioneiro* (*Buch der Lieder*) de Heine, mas na época do nazismo sua autoria era renegada.

Ibsen e Wagner

As obras dramáticas de Ibsen e de Wagner são as duas grandes manifestações que, no século XIX, o espírito artístico do mundo nórdico-germânico pôs ao lado das criações equivalentes de outras raças: o romance francês, russo e inglês ou a pintura impressionista na França. Em sua grandeza, seu refinamento, sua morbidez titânica, serão sempre exemplares da época que as gerou, esse mesmo século XIX do qual hoje em dia é de bom-tom falar com comiseração e desprezo, mas que – pelo menos quanto ao calibre – foi tão superior a nosso pobre presente europeu! Grandeza – a saber, uma grandeza sombria, sofrida, ao mesmo tempo cética e amarga em sua verdade, fanática pela verdade, essa grandeza que sabe encontrar na euforia fugaz da beleza declinante uma felicidade breve e sem fé –, foi essa grandeza a sua essência e a sua marca. E quando nos debruçamos sobre as relações que unem Wagner e Ibsen, filhos de direito desse século, temos muita dificuldade em distinguir entre um parentesco cronológico e outro, mais íntimo. Nossa experiência, a experiência de toda uma geração, associa um ao outro, assim como os associa a Tolstói e Zola, mas no tocante a seu vínculo específico distingue-os destes últimos. Um famoso regente de Bayreuth, ao assistir pela primeira vez, em Munique, a uma peça de Ibsen, terminou por sentenciar: "Ou bem isto é ridículo, ou é tão grandioso quanto Wagner." Estava suficientemente confuso para considerar a primeira hipótese como possibilidade teórica, mas é óbvio que tal alternativa anula automaticamente sua opção negativa, deixando portanto de ser uma alternativa. Ridículo ou grandioso – isto é, grandioso, grandioso como Wagner, grandioso à mesma maneira "moderna", ousada e terrivelmente interessante. Esse homem, Hermann Levi,[1] embora fosse músico e aparentemente pouco familiarizado com a literatura, era suficientemente artista para identificar, no diálogo do "teatro burguês", os meios, efeitos, sortilégios e estímulos profundos que conhecia tão bem daquele outro mundo sonoro. Percebeu uma fraternidade não apenas *por causa* mas também *dentro* da grandeza que sempre haverá de ser sentida e constatada.

Não se ama Ibsen e Wagner como se ama Goethe, não com o mesmo tipo de amor. Diferentemente de Goethe, que ama e valoriza a vida, eles enfatizam a *obra*, e são bem mais capazes de instigar o nosso instinto operoso do que Goethe. Ainda que tenha adotado do pai o imperativo ético-produtivo de "levar as coisas até o fim", Goethe conserva em sua escrita autobiográfica – apesar de toda a sua riqueza e de seu esforço em alcançar plenitude humana – aspectos descontraidamente fragmentários e ocasionais. Mundo maravilhoso, humano e elegante da vivência, da modelação do próprio ser, da confissão, que conhece o lado objetivo só enquanto ironia poética: deveríamos declarar peremptoriamente nossa predileção por ele? A produtividade deve ser vista enquanto trajetória de vida

[1] Hermann Levi (1839-1900), descendente de rabinos e amigo de Brahms, Clara Schumann e Richard Wagner, regeu em 1882 a primeira apresentação de *Parsifal* em Bayreuth.

e bela casualidade ou enquanto forma e expressão primária da vontade? É mais importante distinguir do que decidir. Ao contrário de Goethe, Ibsen e Wagner eram homens plenamente voltados para a obra, homens voltados para o poder, o mundo e o sucesso, ou seja, homens políticos nessa mesma acepção, e isso explica por que é tão completo, perfeitamente esférico e sem lacunas o conjunto de suas obras para o teatro. Um teatro que abrange toda uma vida, um teatro grandioso, social e revolucionário em sua juventude, que, na maturidade, perde as cores para se tornar mágico-cerimonial. *Quando despertarmos de entre os mortos*, a confissão arrepiante, sussurrada, de um homem que dedicou a vida à obra e que *se arrepende*, declaração tardia – demasiado tardia! – de amor à "vida", e *Parsifal*, esse oratório da "redenção": a que ponto me habituei a vê-los unos, a senti-los unos, os dois rituais de despedida, as "últimas palavras" antes do silêncio eterno, obras celestes de dois anciões cheios de ambição em sua fadiga majestosa e esclerótica, a mecanização de todos os seus meios, o caráter tardio de resumo, retrospecto, autocitação, dissolução. O que se costuma chamar de "*fin-de-siècle*" não teria sido senão uma peça satírica bastante lamentável de uma época menor em comparação com o verdadeiro desenlace admirável do século, concretizado nas obras tardias dos dois grandes magos? Pois ambos eram magos nórdicos, velhos e maliciosos feiticeiros, mestres de todas as artimanhas da insinuação e da fascinação de uma arte diabólica, tão engenhosa quanto sutil, grandiosa na organização do efeito, no culto ao mínimo, em todas as ambiguidades e em todos os símbolos, na celebração da intuição, na poetização do intelecto. Além disso, eram músicos, mas músicos à maneira dos homens do Norte: não apenas aquele que aprendeu música de caso pensado, por precisar dela como um conquistador, embora não a tivesse recebido no berço, mas também o outro, embora de forma secreta, mais intelectual, por trás da palavra.

No entanto, quero me deter naquilo que mais estreitamente une a ambos. É o processo de sublimação – que ninguém antes deles intuíra como possível – pelo qual passou nas mãos de ambos uma forma de arte previamente dada em formato espiritualmente mais modesto. No caso de Wagner, essa forma preexistente era a ópera; no de Ibsen, a comédia de costumes. Goethe disse: "Tudo o que é perfeito em sua espécie deve ultrapassar sua espécie, tornando-se outra coisa, incomparável. Em alguns sons que emite, o rouxinol ainda é uma ave, mas ele transcende a sua espécie e parece querer mostrar para qualquer ser alado o que significa cantar."[2] Foi exatamente assim que Wagner e Ibsen tornaram "perfeitos" a ópera e o teatro burguês, transformando-os em algo novo e incomparável. Neles, é possível encontrar algo do exemplo do rouxinol de Goethe, que não deixa de ser ave: volta e meia, e mesmo nos cimos do *Parsifal*, ainda há ópera em Wagner; volta e meia, a técnica do drama de Dumas[3] ainda ressoa e crepita em Ibsen. Mas ambos são criadores de feição perfeccionista e amplificadora, e, parentes íntimos precisamente nisso, conduzem o previamente dado rumo ao novo, ao nunca antes intuído.

---

[2] *As afinidades eletivas*, Parte II, Livro IX, "Do diário de Ottilie".

[3] Alusão às obras populares de Alexandre Dumas Filho (1824-95).

Tolstói – no centenário de seu nascimento

Ele tinha o calibre do século XIX, esse gigante que carregava fardos épicos, sob os quais a geração atual, tão mais mirrada e de menos fôlego, sucumbiria. Como foi grandiosa aquela época em tudo o que teve de sombrio e materialista, de rudeza e ascese cientificista, como foi grandiosa a estirpe de criadores a que pertenceu Tolstói e cujos feitos dominaram os cinco decênios antes de 1900! Será que isto que a nossa visão do mundo tem (ou começa a ter) como vantagem sobre essa era que submerge – este princípio de luz e espiritualização [*Durchgeistigung*], esta perspectiva ainda tímida de novas possibilidades de um sentido de humanidade mais alegre e mais orgulhoso – enfim, será que isto nos legitima a julgá-la de modo tão depreciativo, como sói acontecer, considerando que dificilmente se pode contestar a afirmação de que, no aspecto moral, ficamos tão mais aquém? O século XIX "fatalista" não teria aceitado muito daquilo que nossa época aceita com autocomplacência histórica em termos de desprezo e de abuso das ideias e da dignidade humana, e enquanto a guerra fazia seus estragos muitas vezes pensei que ela não teria ousado irromper se, em 1914, os olhos cinzentos agudos e penetrantes do velho de Iasnaia Poliana ainda estivessem abertos.[1] Seria

[1] Leon Tolstói nasceu na propriedade rural de Iasnaia Poliana a 9 de setembro de 1828 e morreu em Astapovo no dia 20 de novembro de 1910.

um pensamento pueril? Em todo caso, foi assim que a história quis; ele já não estava vivo, assim como ninguém mais de sua estirpe. As rédeas da Europa estavam frouxas, arrastando-se pelo chão; a Europa estava sem dono e continua assim até hoje.

Sobre a sua obra juvenil *Infância e juventude*,[2] Tolstói disse: "Sem falsa modéstia, é um pouco como a *Ilíada*." Era a pura verdade, e só por considerações exteriores essa afirmação se aplica melhor ainda à obra gigantesca da sua maturidade, *Guerra e paz*. O elemento homérico, eternamente épico, era forte em Tolstói como talvez em nenhum outro artista do mundo. Na sua obra há aquele movimento contínuo e incessante das ondas do mar e a solene monotonia do elemento épico, seu frescor acre e ingente e um tempero turbulento, saúde eterna, realismo eterno. Pois que nos permitam ver e compreender ambos – saúde e realismo – como unidade, que nos permitam distinguir, como tentei fazer certa vez em contexto mais amplo, esse mundo de plasticidade, de ingenuidade e de nobre condição de filho da natureza [*adlige Naturkindschaft*] daquele universo de enfermidade sublime e de nobreza intelectual que é o universo idealista de Schiller ou o mundo sombrio e apocalíptico de Dostoiévski. *Goethe* e Tolstói – a primeira vez que se tentou unir criticamente esses dois nomes[3] suscitou surpresa e estranhamento, mas as interpretações psicológicas mais recentes revelam que traçar um paralelo entre eles já se tornou bem mais corriqueiro e natural. Levar esse paralelo muito além do básico e elementar seria meticulosidade e teimosia. Não vale muito a pena insistir nas diferenças de teor

---

[2] A trilogia *Infância*, *Adolescência* e *Juventude*.

[3] No ensaio "Goethe e Tolstói", escrito por Thomas Mann em 1921, aos 46 anos.

anímico, nas marcas de cunho geográfico e histórico, já vez que estas saltam aos olhos. Tão logo entra em cena o conceito de cultura – essa fórmula para o anseio amoroso da natureza rumo ao intelecto que corresponde ao anseio sentimental do intelecto rumo à natureza –, acabou-se o parentesco que antes podia encantar por obra de uma intimidade mítica. Pois deveríamos ser suficientemente honestos para admitir que para nós, que temos Goethe, a ânsia por espiritualização desse outro filho da natureza – Tolstói – preso no absurdo e na quase selvageria parece o esforço digno e desamparado de um bárbaro pueril rumo à dimensão da verdade e do humano, espetáculo ao mesmo tempo grandioso e deplorável.

No entanto, visto pelo prisma artístico, é esse desamparo titânico que empresta à sua obra o vigor espantosamente ético, aquela carga e tensão dos músculos morais dignas de um Atlas, que lembram o mundo patético das figuras de Michelangelo. A força narrativa dessa obra não tem igual; todo contato com ela, mesmo nas obras em que Tolstói não buscou mais a arte, quando a desprezava e desdenhava e apenas por hábito se servia dela como meio para dar lições morais duvidosas e estreitas, traz ao escritor talentoso e receptivo (e uma coisa não pode existir sem a outra) uma enxurrada de força e frescor, de prazer criativo primordial e de sanidade. Não se trata aqui de imitação – como querer imitar essa força? Quase não se vislumbram discípulos dignos desse nome, e sob a influência magistral de Tolstói a arte terá sido praticada de modo muito diverso quanto ao espírito e à forma, e de todo modo muito diferente da dele. Mas assim como, qual um Anteu, ele próprio se revigora e eleva ao máximo como artista a cada contato com a terra materna,[4] assim também sua criatividade poderosamente patente nos parece terra e natureza, natureza em outra configuração, e reler sua obra, expor-se à influência da acuidade animalesca de seu olhar, do singelo vigor de sua mão modeladora, da racionalidade plástica de sua arte literária, totalmente transparente, intocada por qualquer misticismo e que novamente tanto lembra Goethe, relê-lo significa livrar-se de qualquer perigo de artificialidade, de jogo enfermiço, de volta ao que é primordial e sadio, de volta àquilo que, em nós, é sadio e primordial.

Merechkóvski[5] chamou-o de grande visionário do corpo, em contraposição a Dostoiévski, o visionário da alma. Verdade, a sanidade da arte de Tolstói reside em sua *corporalidade*. Onde há psicologia existe também patologia; o mundo da alma é o da enfermidade, mas o mundo da sanidade é o do corpo. Tolstói obviamente não entendia nada de *Dostoiévski*, que por sua vez forneceu a melhor e mais profunda análise de *Anna Karenina*, uma exegese cheia de amor e de profundidade, que chama a atenção por lembrar muito a admiração sentimental de Schiller pelo romance de Goethe *Wilhelm Meister*. Quando o autor dos *Irmãos Karamázov* já havia morrido, Tolstói imaginou por um momento "ter amado muito aquela pessoa", mas em vida jamais se preocupou com ele, e as críticas a ele que fazia em conversação poderiam ter saído da boca de um tolo. O próprio

---

[4] Anteu (em grego Ανταίος, em língua berbere *Änti*), filho de Poseidon e Gaia. Extremamente forte quando em contato com o chão (ou a Terra, sua mãe), ficava extremamente fraco se fosse levantado ao ar.

[5] Dmitrij Sergeevič Merechkóvski (1865-1941) escreveu romances históricos, estudos sobre Tolstói e Dostoiévski e obras de teor filosófico-religioso como *Os segredos do Leste*, que Thomas Mann elogiou e explorou durante o processo de escrita da tetralogia *José e seus irmãos*.

Dostoiévski era doente, dizia Tolstói, e por isso tornava tudo à sua volta doente. Admitindo que isso fosse verdade, seria uma verdade indigna, mais ou menos como se alguém dissesse de Nietzsche: "Não, não, de um doente só pode sair coisa doente!", o que seria não apenas indigno, mas contrário à verdade. Os julgamentos de Tolstói eram os de um grande homem, senhoriais e totalmente descomprometidos com a objetividade, e não apenas quando contrapunha *A cabana do Pai Tomás* a Shakespeare – que, segundo ele, seria imoral. Mas terá ele julgado a si próprio com mais acerto? Essa pergunta não se refere apenas ao tempo em que menosprezava a titânica obra literária da sua vida como uma brincadeira ociosa e pecaminosa. Muito antes, quando trabalhava no romance social mais poderoso da literatura mundial, *Anna Karenina*, Tolstói jogou o manuscrito de lado mais de dez vezes porque, segundo ele, tudo aquilo era bobagem, e nem quando o romance estava pronto disse coisas melhores sobre ele. Compreender isso como queda de autoestima causada por depressão seria um equívoco. Ele não teria permitido a nenhuma outra pessoa julgá-lo dessa forma, e o parâmetro que usou só pode ser encontrado nele mesmo. Ao contrário, tal menosprezo impaciente pela própria obra, vindo da parte do grande homem e artista, deve ser visto apenas como expressão de uma autoestima que em muito ultrapassa a obra. Talvez seja verdade que é preciso ser mais do que a obra para realizá-la, e que a grandeza tem sua origem em algo ainda maior. Algumas figuras, pelo menos, como Leonardo da Vinci, Goethe e também Tolstói, insinuam essa hipótese. Mas por que Tolstói nunca falou de suas doutrinas e de suas profecias sectárias, de suas ideias de aprimoramento moral com o mesmo desdém com que falava de suas criações artísticas? Por que não as ironizou nem uma única vez? É justificável criticar isso, pois, se ele era maior do que sua obra, certamente era maior do que suas ideias.

Ah, sim, as opiniões de Tolstói! Quando as escutávamos como se fossem revelações, isso se devia sem dúvida a que eram justamente isto: manifestações autocráticas daquilo que se chama de "personalidade", postas em vigor à força, por obra daquela magia natural que transforma a casa de fazenda na província de Tula em centro de romaria da carência humana, um centro de força que irradia para o mundo inteiro. Vitalidade e grandeza, grandeza e *força* – em que medida tudo isso não é afinal a mesma coisa? O que se configura aqui é o problema do "grande homem", uma questão tão candente quanto não esclarecida, que toda a humanidade teve motivos para ponderar e que tem sido respondida pelo democratismo racional chinês com um adágio ofensivo aos nossos ouvidos, segundo o qual o grande homem seria uma "desgraça pública". O instinto europeu sempre esteve e continuará disposto a uma justificativa estética desse fenômeno. Mas quando se trata de conduzir, instruir, melhorar a humanidade, paira – para dizer o mínimo – uma dúvida sobre se a função do grande homem ou ainda mais sua essência pode ser vinculada a tais coisas sem uma estilização mentirosa da verdade – não representa ele antes um acontecimento puramente dinâmico, uma erupção de forças de imensa indiferença moral, totalmente tocante em sua tentativa de interpretar a si mesmo numa perspectiva moral, aquela mesma tentativa que o "profeta de Iasnaia Poliana" empreendeu com venerável falta de jeito e algum constrangimento diante do ridículo de seus seguidores. Que vida abençoada! Abençoada, em cada uma de suas tragédias e tragicomédias sagradas, pela força e não pelo intelecto, pois até o sofrimento e a aspiração moral desta vida comovente contêm a seiva vigorosa da manifestação da força. Qual era seu fundamento? O horror físico à morte da parte de uma vitalidade desmedida, de uma vitalidade que irradia vida mesmo quando se manifesta de forma pseudoespiritual. É preciso ser sincero, sem medo de diminuir a grandeza de Tolstói. Mesmo no célebre desfecho de sua vida, quando o santo toma distância do lar e da família, há certamente tanto de pulsão animal a fugir da morte como de anseio de redenção social e religiosa.

Mas por que será que, com tudo isso, não me saem da cabeça os belos e pios versos que Goethe proferiu a respeito do homem:

Denkt er immer sich [sich] ins Rechte,
Ist er ewig schön und gross?[6]

Quanta modéstia e quanto exemplo há nessa força plástica natural, que bem poderia "deixar estar", mas que se empenha em "almejar ao que é direito" para o homem e põe seu ímpeto vital a serviço do ideal de humanidade e do pensamento espiritual! Ainda que a criação de Tolstói tenha fracassado cem vezes nesse intento e tenha se perdido naquilo que é selvagemente pueril, bárbaro [*kulturwidrig*] e absurdo, seu esforço sofrido sempre será "belo e grande". Foi o resultado de uma intuição

---

6 "Ele sempre almeja o que é justo,/ Será eternamente belo e grande?", do poema "Schwebender Genius über der Erdkugel" ["Gênio flutuante sobre o globo terrestre"], de Goethe. Thomas Mann se equivocou ao citar o primeiro verso em alemão: onde se lê "Denkt er immer", o correto é "Denkt er ewig".

emocional de profunda justeza: ele compreendeu que começava uma época em que a arte que só intensifica a vida não lhe bastava verdadeiramente, mas em que o intelecto condutor, decisivo e esclarecedor, socialmente comprometido e disposto a servir devia ter precedência sobre o gênio objetivo, em que a dimensão da moralidade e da inteligência deveria ter precedência sobre aquilo que é irresponsavelmente belo, e Tolstói jamais pecou intelectualmente com respeito à sua grandeza natural, nunca reivindicou a licença do gênio e do "grande homem" a fim de parecer desconcertante, retrógrado, atávico, mau, mas serviu em completa modéstia e com todo empenho possível ao que lhe parecia racional e divino.

Chamei isso de exemplar. Nós, os escritores de hoje, pertencemos a uma estirpe europeia diminuta, na melhor das hipóteses mediana, se comparada com a dele. Nada nos desculparia, muito menos o temor à injúria, ao assédio moral e ao ódio dos imbecis, se não estivéssemos à altura do que a época exige, ao dever intelectual de, no âmbito de cada povo e buscando ser-lhe útil, almejar o que é justo.

In memoriam Hugo von Hofmannsthal

Er losch auf einmal aus so wie ein Licht.
Wir trugen alle wie von einem Blitz
Den Widerschein als Blässe im Gesicht.[1]

O SEU TELEGRAMA pede algumas linhas sobre o seu, o nosso nobre falecido, uma contribuição para a cerimônia fúnebre, um necrológio. Não estou à altura de tanto. Meu coração está por demais tomado de lágrimas para que dele agora pudessem brotar palavras, os pensamentos estão por demais mergulhados e dissolvidos num sentimento infinito de vida, de morte, de destino e de amizade, impedindo-me de fazer uso deles. Neste momento, muitas canetas já se movem para homenageá-lo. Desde ontem, desde o momento em que tomei conhecimento e compreendi como fato real aquilo que, durante alguns minutos de perturbação, a própria natureza, o impulso vital se recusavam a compreender, não quero ler mais nada que não seja sobre ele, este irmão contemporâneo que agora deixou o tempo, sobre os seus últimos dias, suas últimas horas e sobre

[1] "De repente, ele se apagou, como uma luz./ E todos nós, como se atingidos por um raio,/ Portamos no rosto o reflexo, feito palidez." Primeiros versos do poema "Zum Gedächtnis des Schauspielers Mitterwurzer" ("À memória do ator Mitterwurzer"), de Hugo von Hofmannsthal.

aquilo que seu filho informa a respeito do ato do outro filho e do pai.

Sublinhei no jornal as palavras ingênuas e sensatas do jovem Raimund[2] e torno a lê-las: "Meu pai pertence a uma outra época. A guerra mudou os conceitos e ele teve dificuldades em se adaptar. Provavelmente, trabalhava de uma maneira diferente do que exige a época atual. Conversou comigo sobre uma peça para Reinhardt,[3] algo no estilo do teatro de revista. Mais uma vez, ele preferiu que cada personagem brotasse de dentro dele e se completasse antes que ele os pusesse no papel. Tentei convencê-lo a considerar seu trabalho como algo corriqueiro, a criar com mais rapidez. Mas ele nem quis saber. Levava tudo imensamente a sério..." Jovem humanidade, novo mundo. Eis aí a juventude, que se parece conosco, pois nós a pusemos no mundo, que se refere a nós com gentileza e que descobre que pertencemos a outra época. São gentis ao quererem nos convencer a sermos mais ousados, mas nós nos mostramos reticentes em aprender. O mesmo se revela agora na minha timidez e incapacidade de escrever "rapidamente" um necrológio para este morto.

"A GUERRA MUDOU OS CONCEITOS e ele teve dificuldades em se adaptar." Quando esteve comigo aqui pela última vez, faz algumas semanas, uma gripe o prendeu por alguns dias ao

---

[2] No jornal *Wiener Zeitung* de 17 de julho de 1929, Raimund von Hofmannsthal publicou um texto sobre os últimos dias e a morte do pai.

[3] O diretor de teatro Max Reinhardt. Junto com ele, Hofmannsthal fundou o Festival de Salzburgo, até hoje um dos pontos altos da vida cultural internacional.

hotel depois de uma viagem de carro à Itália, viagem essa que o entusiasmara. Os sinais da doença eram visíveis. Ele envelhecera. A cor do rosto, acinzentada, não era das melhores. Mas ele era de uma natureza tão calorosa, tão amável e tão encantadora que a preocupação com o seu aspecto exterior sequer despertou em mim, e eu me lembrava com felicidade do nosso primeiro encontro. Foi há mais de vinte anos, quando pela primeira vez o visitei em Rodaun[4] e senti o fascínio da sua conversa no belo salão barroco, quase um cenário, de sua casa, com vista para o gramado – o lugar onde escreveu *Electra*.[5] Eu, que já estava enfeitiçado pela atmosfera de Viena, mais velha, mais suave, mais graciosa, que seduziu a mim, o alemão do Norte, o habitante de Munique, com suas tradições mais camponesas, eu fiquei ainda mais enlevado com a concentração daquela cultura na pessoa de seu poeta. Passei o dia com ele, acompanhei-o nas caminhadas pela sua paisagem, ele leu para mim trechos de rascunhos de comédias em seu gabinete de trabalho enquanto eu admirava uma estátua espirituosa de Minne.[6] Assim foi naquela primeira vez. Minha família confirma o meu encantamento naquela ocasião. Cartas que trocamos e os encontros que se repetiram praticamente todos os anos em Munique, Salzburgo e Viena desde então alimentaram um relacionamento intelectual e humano que agora se dissipou na

---

[4] Antes um município autônomo, hoje um bairro no sudoeste de Viena. Na época de Hofmannsthal, outras personalidades famosas moraram lá.

[5] Libreto que Hofmannsthal escreveu para a ópera em um ato de Richard Strauss sobre o personagem dos três grandes dramaturgos da Antiguidade, Ésquilo, Sófocles e Eurípides. Estreou a 25 de janeiro de 1909 em Dresden e marcou o início da colaboração entre o compositor e Hofmannsthal até a morte deste último, em 1929.

[6] George Minne (1866 -1941), escultor belga.

eternidade. Terei sabido apreciar seu verdadeiro valor? Talvez, na medida em que o homem sabe apreciar a vida enquanto ela ainda reside na carne, ainda não redimida. É assaz triste e estranho como a matéria nos impede de enxergar a perspectiva da eternidade. Nossa imaginação não basta ou não se presta a nos deixar vislumbrar aquilo que é terreno à luz da morte, sendo que somente essa luz permite reconhecer o seu valor. Eu não tinha ideia do tamanho da dor que a partida de Hofmannsthal causaria em mim e nem compreendi totalmente o que foi precisamente que nos uniu e nos manteve unidos ao longo das décadas. Precisaria hoje da sua autorização para usar a palavra "amizade". Mas, para além de todas as diferenças do nascimento, da tradição e do sentimento de vida, eu, a quem a morte certamente tornou visionário, direi a verdade quando falo de fraternidade, de parentesco de alma. Se ao menos ambos tivéssemos sido menos "difíceis"![7]

Assim que, há pouco, na última vez – e a vida impediu qualquer noção de que aquela pudesse ser a última vez, iludindo a verdade, impedindo o sentimento e sua expressão –, estávamos sentados, conversando com nossas mulheres. Falávamos da Alemanha, de seus mestres, da relação do nosso povo com a política, do dilaceramento e do ódio penoso que esse elemento estranho, a política, levou até sua alma, da rigidez das exigências que nossa época impõe à capacidade e à vontade

[7] Alusão a *Der Schwierige (O difícil)*, comédia escrita por Hofmannsthal em 1920, e também uma autoironia de Thomas Mann, que foi chamado de "alemão difícil".

de aprender do alemão nos últimos quinze anos, mais ou menos desde que ambos completamos quarenta anos. Ele pedira expressamente e de antemão que falássemos desses assuntos. Não posso elogiar sua conversação para não parecer estar me gabando de ter sido um interlocutor à altura. Eu estava enfeitiçado, como sempre. Ele tinha uma maneira de compreender antes que o próprio interlocutor compreendesse, de aperfeiçoar e dar sequência a coisas que capturava no ar, fazendo com que a conversação transcorresse com leveza onírica e jocosamente inteligente. Por trás dos aspectos concretos e psicológicos que a conversa abordava, ponderava, tangenciava de leve, subitamente surgiam vivências pessoais, ainda que fossem experiências compartilhadas coletivamente com outras pessoas – o destino de toda uma geração cuja formação intelectual se completou antes da guerra, a nossa geração, que tinha quarenta anos quando a guerra eclodiu. Atrás de tudo isso, tacitamente, a lembrança da severidade das provas que ao longo de quinze anos foram impostas aos corações e às mentes – do ponto de vista físico – de cada indivíduo. Alguns, de constituição mais fraca, que poderiam ter vivido mais confortavelmente, sucumbiram a essas demandas. Fomos observando, entre as pessoas próximas ou mais distantes, o emagrecimento dos corpos, a cor cinzenta e esclerótica tomando conta dos rostos; vimos o fracasso consternado de pessoas que mal tinham consciência do que estava acontecendo com elas, que não estavam em condições de acompanhar o ritmo da vida e ficavam pelo meio do caminho. E agora chega a vez desse cérebro de refinamento vasto e sensível, esse ser precioso, a quem de repente faltam o mundo, o cosmo, a ordem, "a monarquia", assediado pelo tumulto dos tempos, pela modernidade negra [*negerhaft*][8] e jovem, que indubitavelmente é vida, com todos os direitos que cabem à vida e com a qual temos que lidar, conscientes, é claro, de haver sobrevivido a nós mesmos e à nossa época. *A torre*, seu poema mais sofrido e caótico, que ele amava como se fosse seu próprio destino, é o monumento do embate de Hofmannsthal com o novo, com a revolução, com a juventude. A seu lado, no entanto, sua carne e seu sangue, a juventude, aquela juventude não conseguiu se afirmar – cultura austríaca excessivamente nervosa, incapaz de enfrentar a batida do tempo. Ele tem culpa? "Deus do céu", nós o escutamos perguntar, "talvez eu nem devesse ter sido pai, nem devesse ter tido filhos?" E enquanto o "velho", que "tem dificuldades de se adaptar", cumpre seu dever intelectual com beleza e dignidade heroicas, a seu lado a juventude desconsolada mete uma bala na cabeça. Então, o vaso sanguíneo enrijecido se rompe no precioso cérebro e, sem palavras, com melancolia e desespero, o pai, o maravilhoso poeta, sucumbe.[9]

Lágrimas – lágrimas.

---

[8] *Negerhaft*: expressão que lembra Freud (o inconsciente como a "África interior") e era geralmente associada ao outro, desconhecido, estranho ou estrangeiro. Outro escritor alemão, Hermann Hesse, falava de "jogos negros da imaginação ("*die negerhaften Spiele der Phantasie*") que levariam ao "país desconhecido do próprio interior, do verdadeiro interior" ("*das fremde Land seines wahren Innern*"). Cf. H. Hesse, *Klein und Wagner*, in *Meistererzählungen*, org. e posfácio Volker Michels. Gütersloh, Bertelsmann, s/d.

[9] Com apenas 26 anos de idade, Franz, um dos filhos de Hofmannsthal, cometeu suicídio, no dia 13 de julho de 1929, após infrutíferas tentativas de conseguir emprego e de ter de voltar para a casa dos pais. Dois dias depois do suicídio, quando partiria para o enterro do filho, Hofmannsthal morreu de um acidente vascular cerebral.

Ele amava a ideia da morte ao lado da ideia da beleza, da nobreza – e nisso era muito austríaco. A morte está presente em toda a sua escrita, mesmo a mais alegre, e o jovem, o príncipe do espírito, já a chamou em versos "um grande deus da alma".[10] Cada volteio melódico e gracioso de sua prosa, de seu diálogo, de sua poesia está embebido em beleza mortal. Sim, a morte é beleza e melodia, enquanto está perto da juventude, da seiva vital. Quando esta se afasta, a morte permanece em toda a sua verdade, é terrível, um naufrágio sem palavras, um precipício de amargura.

Mas não, esta não é a última verdade da morte. No instante seguinte ela se torna transfiguração, purificação de tudo o que é terreno, reconstituição.

"O eternizado": esta despedida, como nunca antes, faz com que compreendamos a expressão. Li que, deitado no sofá de seu gabinete de trabalho, seu rosto parecia pacificado e rejuvenescido. Por que isso me abalou tão profundamente, esse adjetivo "rejuvenescido"? Nos últimos anos, ele costumava dizer: "Eu deveria ter morrido depois de *O aventureiro e a cantora*.[11] A minha biografia teria ficado redonda." Ele dizia isso para expressar o que imaginava ver flutuando, hesitante, na boca das pessoas. Ele não podia acreditar naquilo, não podia negar sua vida, pois que vivia. E quem ousaria concordar? Quem ousaria desejar que esse jovem jamais devesse ter-se tornado

---

[10] Trata-se de Claudio, herói da peça *Der Tor und der Tod* (*O tolo e a morte*, 1893), de Hofmannsthal.

[11] Peça em versos de Hugo von Hofmannsthal, descrito por ele como "poema em dois atos" e incluído na coletânea *Theater in Versen* (em 1899, quando Hofmannsthal tinha 25 anos). Baseado nas memórias de Casanova, representado pelo barão Weidenstamm, é ambientado em Veneza, em meados do século XVIII.

adulto e envelhecido e que não existissem os ensaios e as palestras repletas de sabedoria mágica, as comédias e óperas cheias de magia sábia, um mundo de forma e beleza? Mesmo assim, se tivesse morrido depois dos poemas e das primeiras peças líricas, ele teria sido um deus, incensando eterna nostalgia e eterna esperança, levando até as estrelas aquela imagem de um jovem de graça eterna.

Ele permaneceu entre nós, viveu, lutou, envelheceu e tocou de tempos em tempos o que há de mais elevado, formando, com a riqueza de conhecimentos de seu espírito sublime, os tesouros que nos legou. Agora ele morreu, e se, pelo que dizem, a morte rejuvenesceu esse rosto envelhecido, ele nos aparece como senhor da verdade e salvador. Eternidade – rejuvenescimento. Jovem outra vez, em graça eterna, Hugo von Hofmannsthal ingressa no reino dos imortais.

Discurso sobre Lessing

O CONCEITO DO "CLÁSSICO", meus estimados ouvintes, por vezes quer se apresentar a nós sob uma luz mítica. Nessas ocasiões, o significado que normalmente atribuímos à palavra, aquele sentido de conformidade à regra, de exemplaridade, parece fosco e seco, abstrato e exangue, e sentimos o ímpeto de conferir algum caráter a seu pedantismo humanista, dotando-o de um contexto. Clássico não é o que é exemplar ou formidável [*das Vorbildliche*], como preferimos compreender – embora tenha muito e tudo a ver com a palavra "exemplar".[1] Clássico é o que é pré-formado [*das Vorgebildete*], a fundação inicial de uma forma de vida intelectual por meio de algo vivo e individual; clássico é um tipo primordial, fundador,[2] em que vidas futuras se reconhecem e cujas pegadas seguirão – um mito, portanto, pois o tipo é mítico e a essência do mito é retorno, atemporalidade, onipresença. É apenas nesse sentido que clássico é exemplar, e não no sentido de uma padronização oca. A era clássica significa uma era patriarcal, mítica, uma era fundadora e modeladora da vida nacional.

---

[1] "Exemplo", no sentido de modelo, em alemão é *Vorbild*, e no texto Thomas Mann decompõe essa palavra em suas duas partes constituintes: "*vor*" (antes) e "*Bild*" (imagem), ou seja, uma imagem que preexiste.

[2] "Tipo", ao longo deste texto, é uma nomenclatura emprestada da biologia, ou seja, aquilo que define o nome de um táxon em um sistema taxonômico.

Pois é preciso associar a ideia do começo à da dimensão nacional se não quisermos vagar ilimitadamente e sim chegar a alguma parada, uma pausa, atingindo alguma serenidade espiritual. Aonde chegaríamos se quiséssemos despir o conceito dos primórdios de sua natureza relativa? Só existem começos relativos. A história mundial é uma constante troca de panos de fundo que nos fazem remontar a começos cada vez mais primevos, e assim ao infinito – e, segundo minha hipótese, o início original de todas as coisas não reside no tempo: é transcendental. Assim, também a história dos povos – do povo alemão, por exemplo – tem muitos primórdios. No início da senda em que continuamos caminhando até hoje, esse caminho da formação e da ação, cujos amplos objetivos nós e nossos filhos e netos ainda temos o dever de conquistar ao caminhar, está o mito, o mito de cujo calendário festivo a Alemanha pangermânica comemora hoje um dia solene. Trata-se do *caminho da unificação nacional*, e em seu início está aquilo que pré-moldou, fundamentou e preparou essa unificação num plano altamente espiritual: a nossa literatura clássica.

O luminoso guerreiro daqueles tempos ancestrais – Lessing, cuja memória estamos festejando, nascido há duzentos anos em Kamenz, na Saxônia, e que levou uma vida de escritor independente – deve ao seu intelecto penetrante a vocação de discernir e de diferenciar; seu gênio, no entanto, era unificador. "Antes dele, nenhum escritor alemão conseguiu injetar uma certa espécie de entusiasmo simultaneamente nos nobres e no povo, nos doutos e nos leigos, agradando, assim, a todos eles", diz uma carta contemporânea acerca de sua comédia *Minna von Barnhelm*.[3] E Goethe enalteceu o "teor nacional tão perfei-

[3] *Minna von Barnhelm oder das Soldatenglück* (*Minna von Barnhelm ou A felicidade do soldado*), comédia em cinco atos de Gotthold Ephraim Lessing,

tamente alemão setentrional" dessa mesma peça, admirando precisamente aquilo que tantas vezes depois foi admirado por outros: como uma obra tão típica do Norte alemão conseguiu disseminar tanto divertimento por toda a Alemanha e unir, em sua simpatia comum, a autoestima de todos os alemães. A última palavra que esse grande crítico proferiu como poeta, o drama *Natã o sábio*, peça que possui o timbre da mais íntima sabedoria, levou um de seus maiores admiradores, Goethe, a exclamar: "Que o divino sentimento de tolerância e proteção para a nação ali expresso permaneça sagrado e precioso!" Esse poema da maior gentileza, portanto, visa a uma união ainda mais elevada: aponta consciente e pedagogicamente para a paz entre as profissões de fé, para a paz da humanidade de maneira geral. Lessing, esse espírito tão nacional por sua natureza e seus atos, que como poeta uniu a Alemanha e como juiz dramatúrgico rompeu com a autoridade dos cânones artísticos franceses – foi Lessing quem chamou o patriotismo de "uma fraqueza heroica" e afirmou que o elogio de um patriota zeloso seria a última coisa que ele almejaria, ao menos daquele patriota que quisesse ensiná-lo a esquecer a sua condição de cidadão do mundo. O dramaturgo de Hamburgo[4] ironiza o provincianismo de determinadas comédias de costumes, cujos autores "acreditam que os miseráveis hábitos do recanto em que nasceram sejam os costumes da pátria comum a todos", quando na verdade ninguém está preocupado "em saber quan-

---

escrita entre 1764 e 1767, e que tem como cenário a Guerra dos Sete Anos. Trata-se de uma das comédias mais importantes da literatura alemã. A observação sobre *Minna* foi feita em 1768 pela poeta Anne Luise Karsch.

[4] Referência a uma coletânea de textos teóricos de Lessing sobre teatro: *Dramaturgia de Hamburgo*.

tas vezes por ano se come repolho aqui ou acolá". Ao rincão sentimental regionalista ele contrapõe, assim, a ideia espiritual de uma pátria comum a todos: o plano da nação contra e acima do provinciano. Mas também se refere ao fato de que existe um ponto de vista no qual mesmo o nacional parece provinciano. É quando ele sonha com que "em cada país existissem homens que transcendessem os preconceitos da comunidade nacional e percebessem o momento em que o patriotismo deixa de ser uma virtude". São palavras de Lessing. Palavras de um homem ao mesmo tempo autêntico e livre. Elas deixam transparecer que a dimensão intelectual e humanitária é apenas a intensificação e a continuação do aspecto natural e nacional, tornando claro que na origem da ideia da unificação nacional existe, inata, a tendência de uma unificação continuada, ideia ignorada pelos adeptos do aspecto étnico[5] que, numa bizarra falta de compreensão, inscrevem a nação em sua bandeira, enxergando nela a quintessência da segregação e da hostilidade.

A missão nacional de Lessing consistiu no esclarecimento crítico. Ele foi um espírito penetrante e entusiasmado. A epígrafe de suas grandes contribuições analíticas, o *Laocoonte*[6] e a *Dramaturgia de Hamburgo*, e dos libelos teológicos, bem poderia ser a seguinte afirmação de Natã o sábio: "Aqui é preciso distinguir." Determinar, delimitar e esclarecer era o seu prazer

---

[5] No original, "*jene nichts als Völkerschaftlichen*", uma expressão irônica de Thomas Mann que alude ao *völkisch* dos nazistas (explícito por exemplo no nome do jornal nazista, *Völkischer Beobachter*).

[6] No *Laocoonte ou Sobre as fronteiras da pintura e da poesia*, de 1766, um clássico da teoria estética, Lessing define os limites da poesia e das artes plásticas.

mais íntimo, era o seu forte e, para repetir a palavra misteriosa, era a sua missão [*Sendung*]. Pois é mesmo misterioso como nessa palavra, nesse conceito, com suas alusões a incumbência, função e ferramenta, interpenetram-se a dimensão individual e a ordem do necessário, que transcende o indivíduo. Deveres de uma jovem cultura nacional, do estágio de uma nação a caminho da ascensão e do florescimento cultural: arrumar a casa do espírito, criar ordem, estabilizar a teoria e as leis, estruturar fundamentos conceituais, a clareza das diferenças e distinções. Tudo isso torna-se um dom e um dever pessoal, a paixão individual e a maestria reunidas em um só homem, o qual, por alguns instantes, até pode se considerar um educador, mas que, apesar de toda a sua perspicácia, certamente não consegue distinguir até que ponto é a sua vocação individual que o impele ou se suas tarefas lhe brotam das profundezas da coletividade.

Nos primórdios, Lessing é o fundador de um tipo mítico. É mítico porque volta e meia ele anda na carne.[7] Ele é o clássico da inteligência poética, o pai ancestral de toda a sábia e vigilante atividade poética. Da maneira mais individual e vivaz, pré-formou um esquema de produtividade, uma forma de vida espiritual que tem má fama para certo tipo de juízo sujeito a caprichos e que costuma ser rebaixada por este de maneira radical e depreciativa como mera condição profana de escritor em contraposição à esfera sagrada do gênio poético. Todos sabemos quão popular é essa estética, justamente na Alemanha

[7] Referência bíblica à Epístola de Paulo aos Romanos, cuja parte 8 se refere à dicotomia entre "andar no espírito" e "andar na carne" (uma vida voltada para a concupiscência). Vale mencionar que, para Lutero, essa epístola era a parte mais importante da Bíblia.

e justamente nos dias de hoje. Nossa crítica corriqueira praticamente vive disso. Mas se hoje eu falo de um juízo sujeito a caprichos, quero aludir àquela misteriosa e estranha tendência que se associa a uma certa atmosfera opressiva e que, como percebemos claramente, está ligada ao rincão sentimental provinciano e ao repolho de modo ao mesmo tempo beato e rancoroso... A antítese é infrutífera, uma vez que a fronteira entre as atividades de poeta e escritor não passa por fora, pelo lado das aparências, e sim dentro da própria pessoa; a atividade impulsiva e determinada de escritor, de um lado, e a existência poética lúcida e até contida, que diz "Não sou frio. Não deixo de ver com gosto/ Aquilo que vejo com *calma*", de outro, podem coexistir gloriosamente entrelaçadas uma na outra, como prova a individualidade clássica de Lessing. Os fanáticos da simplicidade subestimam as dificuldades de uma distinção que acaba sendo borrada e suspensa pelo elemento crítico da linguagem. Uma arte cujo meio é a linguagem sempre gerará uma criatividade crítica em alto grau, pois a própria linguagem é a crítica da vida: ao tornar vivo, ela nomeia, acerta, designa e julga. Sobriedade? Existe uma sagrada sobriedade – um grande autor de hinos se referiu a ela.[8] E depois, quem sabe se a embriaguez não a *antecedeu*, e se esta embriaguez não foi percebida como objeto do qual se deve dar conta? A sobriedade não é em si produtiva, mas será que a dimensão produtiva e o elemento artístico não podem ser diferentes estágios na história da obra, ligados por um ato de objetivização arrefecedora, à qual não se podem fazer elogios morais, mas cuja necessidade

[8] Referência ao poema "Hälfte des Lebens" ("Metade da vida"), de Friedrich Hölderlin, escrito em 1803.

indubitavelmente guarda um parentesco com a vontade moral? Aqueles fanáticos também esquecem ou deixam de perceber como, na produção criativa, o consciente e o inconsciente se sobrepõem, e quanto de inconsciente, de ingenuidade ou de demoníaco, para usar sua palavra obscura mais querida, influi de maneira decisiva em toda a ação consciente.

O pior é que o criticismo, a modéstia e a profissão de fé desse tipo do poeta prudente acabam por concorrer de bom grado para o esforço de expulsá-lo da esfera do poético. É um traço dele, faz parte do seu tipo. Ele sempre se antecipa ao juízo, não para precaver-se dele, mas simplesmente porque vigia a sua criação poética com zelo de escritor. É sempre ele quem diz as melhores coisas sobre si mesmo: as melhores coisas não no sentido de autoelogio, e sim no sentido da verdade tal qual ele a compreende, uma verdade assaz rígida e pessimista – e os tagarelas o repetem, raramente para elogiá-lo, senão para, geralmente, fazer uso adverso daquilo "que ele mesmo disse". O amor à verdade em Lessing é o mais radical possível, seu talento para "perseguir [a verdade] até seu esconderijo mais recôndito", como ele se expressou, é indômito e, numa perseguição desse tipo, é obviamente mais ágil quando se trata de autoconhecimento. Sua obra poética revela as amostras mais amáveis disso, como na cena em que Minna diz a seu noivo, o major Tellheim, que há uma determinada maneira, fria e negligente, de falar de sua coragem e de seu infortúnio e Tellheim se apressa a acrescentar: "Coragem e infortúnio dos quais, no fundo, também me gabo e dos quais me queixo." Ou como quando, na peça *Emília Galotti*, o pintor Conti faz um solilóquio sobre sua insatisfação de artista, prosseguindo: "Apesar disso, estou muito satisfeito com a minha insatisfação comigo mesmo." Para render homenagem ao espírito da crítica, para se defender da acusação de que ela sufoca o gênio, Lessing confessou que era a ela que devia o que houvesse de aceitável em suas obras, que se lisonjeava de receber dela algo que se aproximava muito do gênio. Não sou poeta, diz ele. "Não sinto dentro de mim aquela fonte viva que, com uma força própria, brota em jatos tão frescos, tão ricos: eu é que preciso extrair tudo por meio de bombas e tubulações." E – para lhe dar razão em sua autocrítica – quantos abusos não se cometeram com essas bombas e essas tubulações! Mas se ele tinha razão, os outros, que o repetiam, não tinham. Na esfera de Lessing, nós nos acostumamos a relativizar as coisas, a humanizar o conceito de verdade, e nos habituamos à ideia de que os critérios do que é verdadeiro residem menos na verdade defendida do que naquele que a defende. Goethe jamais concordou com o juízo de Lessing sobre si mesmo. Embora Lessing nunca se tivesse permitido portar o título de gênio, sua influência duradoura testemunha o contrário, dizia. Para Goethe, é a durabilidade no tempo que determina o gênio. Mas se for para se proclamar um gênio imediatamente, sem que se leve em conta a categoria do tempo, então os critérios passam a ser a originalidade, a personalidade, a ousadia extremas. O gênio, podemos afirmar, revela-se onde aparece algo nunca antes intuído, onde algo nunca antes imaginado se materializa; o gênio se anuncia ao possibilitar algo novo que só se torna duradouro, até mesmo vitorioso, pela força e graça da personalidade. A genialidade na arte seria então o elemento da surpresa e do encanto que causa pasmo, o elemento da ousadia que só pode ser conhecido em suas realizações. Justamente essa definição de gênio torna mais fácil evidenciar como é vã a contenda sobre se Lessing era poeta ou não. Criações como *Minna von Barnhelm* ou *Natã o sábio* portam essa chancela do novo, surpreendente, ousado e só assim possível, que apenas podia se tornar duradouro e vitorioso com base nessa personalidade às voltas com a prudência e a ingenuidade. Essas criações persistem porque são bem-feitas, apenas por isso. Fossem menos, sucumbiriam. Mas diante dessa sobriedade artística, dessa inteligência encantadora, dessa racionalidade cordial que alcança o maior grau de amabilidade, a mera dúvida sobre se aquilo é ou não é obra de um poeta se reduz a uma insensibilidade primária.

Foi o que sentiu Otto Ludwig[9] quando disse acerca de *Minna von Barnhelm*: em face de uma tal arte de fazer crescer uma simples semente e suscitar um interesse permanente, a lenda de que Lessing não é um poeta deveria ser relegada ao nada. Precisamente essa arte de fazer crescer e de estimular, não se sabe como, é mais um traço de autenticidade do tipo clássico que estamos descrevendo. Seu forte não é a invenção, é com coisas pequenas e mínimas que desperta nosso interesse – mas com uma plêiade delas, e constantemente. Para ele, o essencial não é a trama. Gosto e falta de talento lhe são indiferentes, ele só lança mão do mínimo indispensável de ação para sustentar a composição, mas todo o seu espírito se revela naquilo que ele consegue ganhar em graça e efeito a partir desse mínimo, sabendo como ampliar, explorar, aprofundar, investigar, criar várias facetas, iluminando tudo até o último canto recôndito. Como ele é capaz de divertir com algo que, para qualquer outra pessoa, já é enfadonho! Esse é, como já dissemos, um traço determinante do tipo, tanto quanto a renúncia crítica. Mas

---

[9] Novelista, dramaturgo e crítico literário alemão (1813-65).

em primeiro lugar há nessa precisão espirituosa e artesanal, nessa devoção gráfica em relação ao mínimo, uma maestria tipicamente alemã, como a de Dürer, que não haveria como declarar despida de arte; e então veremos que essa carência, transformada em virtude, de fato pode ser considerada uma característica da condição mais pura de poeta; como aliás ensina a estética de Schopenhauer, quando diz que as obras mais elevadas se contentam com um mínimo de ação.

É semelhante ao que ocorre com o terceiro traço do tipo, aquela característica que poderia ser mais bem-designada como a sua virilidade ou a restrição ao que é viril. O masculino combina mais com o seu talento criativo do que o feminino; ele o desenha de maneira mais correta, profunda e vigorosa. Sempre se considerou que, enquanto personagem, com seu difícil sentimento de honra e sua melancolia, Tellheim supera em muito Minna. E, sobretudo, ele é muito mais viril do que ela é feminina. Mas isso está ligado ao fato de, como já constatou o velho Mendelssohn,[10] Lessing ter sido mais feliz naqueles personagens cujo caráter "se aproxima do seu", como é o caso de Tellheim, Odoardo e o senhor templário, que sempre foi recebido como um dos personagens jovens mais próximos da vida real do teatro alemão e do teatro de forma geral. Foi Friedrich Schlegel quem comentou a constante "lessingzação" dos personagens. Nós consideramos isso uma característica

---

[10] Moses Mendelssohn (1729-86), um dos principais expoentes do Iluminismo alemão, serviu de modelo para o personagem-título de *Natã o sábio*, o defensor da tolerância religiosa. Crítico literário e pensador eclético, com escritos sobre metafísica e estética, teoria política e teologia, colaborou com Lessing e Friedrich Nicolai em varias publicações e era apelidado de "o Lutero judeu". Mendelssohn envolveu-se na disputa sobre o panteísmo com Jacobi, defendendo Lessing da acusação de ser seguidor de Spinoza.

do tipo. Mas não poderia tal subjetivismo lírico também ser percebido – e em elevado grau – como algo especial e genuinamente poético?

Há ainda, tipicamente, uma determinada economia orgulhosa da produção, o contrário da fertilidade pouco inteligente. Lessing nos legou uma comédia, *a* comédia, como se quisesse dizer: "É assim que se faz. Agora, arranjem-se." A ambição e a dignidade de seu criticismo não lhe permitiram escrever depois outras dez obras mais fracas: ele se voltou para novas singularidades. É o que se poderá valorizar como vantagem da sabedoria e da consciência diante da obtusidade, que torna casual e desigual, ainda que fértil. Chamar isso de artístico é totalmente lícito. Portanto, deve também ser poético.

Essa, naturalmente, não é a *linguagem* do nosso tipo – não é poética no sentido órfico, prenhe de mistério ou elegantemente cordial. É mais do que compreensível a crítica de que faltam maturidade (*akme*, em grego) e entusiasmo à sua sobriedade. Ela não ascende às matrizes, à fonte da juventude do dialeto, não cria palavras, é apenas culta, acertada e sábia. Tudo o que exige de si mesma é clareza, precisão, nitidez, *"d'être clair et précis"*, como Lessing disse, caracteristicamente, em francês. Estranho apenas que ela não seja sem vida, passiva por causa disso. É o contrário. A linguagem almeja e atinge um grau incomum de vivacidade, pois tem o dom de ser palatável, tem um acento que a torna discursiva e dramática. Se o tipo um belo dia escrever versos, serão não versos como os de *Natã*: versos falados e não cantados, que, embora tenham uma entonação, e bem atraente, não têm *melos*,[11] não têm verniz,

[11] Em grego no original: som.

versos efetivamente tão prosaicos que Friedrich Schlegel falou de sua "expressão de cinismo", mas versos, ao mesmo tempo, de uma sabedoria e bondade tão dourada que abrirão o coração de qualquer pessoa que não tenha resolvido achar que aquilo não é poético. Curioso quantos efeitos, quanta racionalidade seca ele pôde produzir. Não se cansava, dizem, de elogiar o *Natã* como a obra-prima mais elevada da arte humana. Schlegel, para voltar a citá-lo, chamou Lessing de "Prometeu da prosa alemã". Herder, que fez seu mais belo necrológio, chegou a afirmar que o alemão que Lessing escrevia era o mais original desde Lutero. Realmente, se aquele alemão não era poético, era tantas outras coisas que poderia abrir mão dessa honraria vaga.

Poderíamos listar diversas outras falhas do gênio de Lessing, que são exatamente os traços do tipo que esse escritor clássico fundou: por exemplo, a fraqueza da perspectiva erótica, pode-se dizer até a indiferença e a falta de ambição neste ponto, que nem o fez sentir falta da autópsia ao trabalhar no *Laocoonte* e ao tratar de quadros antigos.[12] Mesmo assim, nessa análise muitas vezes retomada sobre as fronteiras entre a pintura e a poesia, uma ou outra abordagem foi percebida e vivenciada de uma maneira que pode soar poética. Há a dolorosa constatação de que a palavra apenas consegue elogiar a beleza física, nunca reproduzi-la, há o desafio aos poetas de abrir mão da descrição, da narrativa da beleza, para, em seu lugar, pintar para nós o bem-estar, o afeto, o amor, o encanto que a beleza

[12] No *Laocoonte*, Lessing tenta descobrir as diferenças entre artes plásticas e literatura, usando como exemplo uma escultura do Museu do Vaticano. "Autópsia" vem do grego e significa literalmente "ver com os próprios olhos".

causa, pois com isso, diz Lessing, "tereis pintado a beleza ela mesma". Quem sabe essa fuga antidescritiva para o lirismo tenha sido o caminho de Lessing rumo ao drama. Não sendo assim, haveria alguma ironia no fato de que o poeta racional, sobre quem pairavam dúvidas, o poeta que tinha apenas "uma força imaginativa sensata", tivesse se voltado para aquela forma poética (e feito contribuições que marcaram época) que, desde Aristóteles, é considerada a mais elevada por todas as escolas da estética.

Ou foi a natureza dialética do drama que atraiu Lessing? O polemista que havia nele o teria transformado em autor dramático? Chegamos aí a mais um traço do tipo mítico que não se poderia jamais deixar de mencionar, uma vez que é dos mais destacados e é aquele que deixa o homem sentimental mais desconfiado contra a condição de poeta do tipo. É a sua tendência polemista, aquilo que Lessing chamou de "Dona Irascibilidade", o vício e o prazer de polemizar que em toda a sua obra está ora abertamente à mostra, ora secretamente fazendo as vezes de sal e pimenta, e que o domina de tal maneira que o faz sentir o meramente poético-dramático como algo sem sabor e aguado, no momento em que se entrega a essa paixão. Mas existe a opinião de que um poeta não pode ser polemista, que só deve aceitar e transfigurar as aparições numa tranquila e nobre simplicidade, partindo das raízes alemãs. Irritabilidade contra o tempo, o mundo, a coisa ruim, burra, vil e refratária ao intelecto e a expressão de tal irritabilidade num ataque polêmico, isso tudo desonra o poeta. Ele vai "ao mercado", enreda-se lamentavelmente em querelas. Mundo e realidade aparentemente sabem ser tão vis que se veem compelidos a desprezar aquele que se torna vil junto com eles. Um poeta como deveria ser, ao menos segundo eles, é um ser que nada vê, nada nota, nada intui, e cuja pura estultice pode ser confortavelmente usada como prelúdio da maldade e do interesse. Se ele vê ou nota alguma coisa, se ele se deixa irritar com a hipocrisia, a injustiça ou o rebaixamento mental do povo, por exemplo, pela mistura fraudulenta entre a indústria e o heroísmo, então ele não é um poeta [*Dichter*], e sim apenas um escritor [*Schriftsteller*], um escritor que não é patriótico.

Se houve algo que pudesse pôr em perigo o renome de poeta de Lessing entre nós, alemães, esse algo certamente foi sua irascibilidade de polemista. Heine a descreve da maneira mais espirituosa, quando narra como o gigante Lessing, numa ira santa, lançava seus blocos de pedra contra quaisquer figuras nulas ou medíocres, e como essas rochas acabaram servindo de monumento eterno para esses mesmos medíocres. O próprio Lessing não foi de todo insensível à honra desmedida que conferia a certos adversários. "Eu não quereria", disse ele sobre uma de suas polêmicas, "que se julgasse essa investigação de acordo com sua motivação. A sua motivação é tão desprezível que apenas o modo como a utilizei pode me desculpar pelo fato de querer utilizá-la." No entanto, acrescentou uma pequena apologia da polêmica que vale até hoje, que está totalmente em vigor até hoje: "Considero o nosso público atual um pouco enojado demais contra tudo o que é polêmica ou cheira a ela", disse ele. "Ele parece ter esquecido que deve o esclarecimento de tantos pontos importantes à mera contradição, e que os homens não estariam de acordo sobre nada neste mundo se nunca tivessem brigado sobre nada no mundo."

Contradição e dúvida, a tendência a isso não é apenas um traço do tipo clássico fundado por Lessing: a dúvida é a sua região e religião, a esfera vital dentro da qual ele respira. A dúvida enquanto fé, o ceticismo enquanto paixão, é esse, na verdade, o paradoxo de Lessing, um paradoxo do coração e não da razão, e junto com isto vêm um conceito de verdade e um *pathos* de verdade belo como nenhum outro na história da cultura. Já vimos como ele referiu a verdade ao aspecto humano; segundo ele, não é a posse verdadeira ou suposta da verdade que faz o valor do homem, e sim o esforço sincero que ele usou para descobrir algo por trás da verdade. Isso significa subjetivar o valor da verdade e quase a verdade ela mesma. Significa um ceticismo profundo, ligado a uma profunda paixão investigativa, na qual enxerga a dimensão ética do homem. Pois como seria equivocado confundir esse ceticismo com niilismo, com maldade! Sobre *Natã*, ele disse: "Não será nada menos que uma peça satírica para abandonar o campo de batalha com um riso de escárnio. Será uma peça tão comovente como eu sempre fiz." Em vez de "satírica", ele teria dito "niilista", se a palavra já existisse. Seu ceticismo é tão distante de frivolidade quanto o é sua sagacidade, uma sagacidade apaixonada, sem atrevimento ou ousadia, que é expressão da seriedade da vida, de *seu* modo de reagir à vida. Ele permanece sagaz até mesmo na carta em que relata o nascimento e a morte de seu pequeno Traugott, quando a esposa estava à morte.[13] Lessing é mais sagaz quando provocado pela santimônia autoindulgente, que traz à tona a bile de sua santa irascibilidade. Ele assim disse: "Se Deus segurasse na mão direita toda a verdade e, na esquerda, a pulsão

[13] No Natal de 1777, Eva König, esposa de Lessing, deu à luz um filho, Traugott, que morreu no dia seguinte. Poucos dias depois, em 10 de janeiro de 1778, Eva também morreria, de febre puerperal.

única, sempre ativa, da busca pela verdade, com o adendo de que eu sempre iria me enganar, e falasse para mim: 'Escolhe!', eu cairia sobre sua mão esquerda com muita humildade e diria: 'Pai, dai-me! Pois a verdade pura é só para Ti!'" – Note-se o tom caloroso dessa afirmação. Não é assim que fala a falta de religiosidade, assim fala um ceticismo que é crença diante do infinito e eterna busca.

A ortodoxia viu nisso uma teimosia contra a revelação, uma espécie de arrogância espiritual. Esse grande protestante fez ferver o sangue do luteranismo tomado ao pé da letra, e este último tentou em vão provocar em Lessing a confissão – provavelmente comprometedora – sobre em que ele acreditava de verdade. Na realidade, parecia que Lessing estava lutando não tanto por uma verdade, pela verdade, e sim pelo prazer de perturbar a golpes de adaga o sossego dos donos da verdade espirituais-eclesiásticos. E, no entanto, até mesmo a polêmica teológica contra o pastor Goeze[14] não é nada menos que uma peça satírico-niilista a fim de deixar o campo de batalha com um riso de escárnio, é uma peça tão comovente e tão bondosa como ele sempre fez. Em sua maleabilidade e sua coragem diante do aborrecimento, no brilho de suas brincadeiras profundas e iradas, como também em sua santa seriedade, provavelmente é sua obra mais bela, sim,

---

[14] Em todo este trecho, Mann se refere a um famoso embate teológico travado em 1778 entre Lessing e o principal pastor luterano de Hamburgo, Johann Melchior Goeze. Ao todo, foram 15 escritos, incluindo as 11 cartas chamadas "anti-Goeze", redigidas em alemão e não em latim, a fim de poderem ser lidas pelo público geral. Naquele mesmo ano, Lessing foi proibido de publicar textos sobre religião. Então, continuou o debate na literatura, com o drama *Natã o sábio*, um libelo a favor da tolerância religiosa em que deu forma poética às ideias teológicas em defesa de todo e qualquer tipo de credo religioso.

sua obra poética mais bela. Sim, nós hoje podemos vê-la enquanto obra poética, porque temos a liberdade de perceber seu conteúdo teológico apenas como plano aparente, como pretexto para a dimensão espiritual e moral.

"A letra não é o espírito" – eis o mote e a posição de Lessing, uma posição luterana, mais do que luterana, a continuação de Lutero além do texto e da letra, e ele provavelmente quis dar a entender que ela significava nada menos do que a salvação do espírito e da religião, uma vez que não é possível salvar a letra de ambas. Pois não foi uma imprudência histórica do luteranismo fundamentar a religião unicamente sobre a Bíblia, que viria a ser vítima da crítica? E, em última análise, a distinção entre espírito e letra não significava também salvar a Bíblia do zelo desajeitado daqueles que ainda queriam que o espírito não fosse nada sem a letra? Bem, nas maravilhosas peças polêmicas de Lessing há tanta ironia, tanto esoterismo e tanta astúcia tática em jogo que alguma confusão é inevitável, quanto mais não seja por força da entrada em cena de um virtuosismo que não é frio, vaidoso nem satírico, mas profundamente sério, apaixonado e "comovente". Lessing terá realmente contado salvar o cristianismo com a sua afirmação de que este existia antes da letra e seguiria existindo mesmo se a letra viesse a se perder? Mas ele ainda escreve um décimo segundo "anti-Goeze", o drama *Natã o sábio,* e diz que se daria por satisfeito se a obra levasse meramente um entre mil leitores a aprender a duvidar da evidência e generalidade de uma só religião. E se essa religião fosse o cristianismo? Lessing foi mais radical do que podia parecer, mas foi radical precisamente na ambiguidade. Para irritar a obtusidade luterana, em alguns momentos falou bem do catolicismo; por outro lado, disse coisas desagradáveis do racionalismo e do Iluminismo, e achava a ortodoxia declarada e honesta mais simpática do que a semiortodoxia diluída e pretensamente liberal. Terá isto sido traição e falsidade? A nação, em seu conjunto, nunca o sentiu assim; sempre viu no seu Lessing o protótipo da virilidade e da audácia. Só que essa virilidade e confiabilidade não eram desengonçadas, mas distinguiam-se artística, poeticamente, não apenas pelo encanto de sua forma, mas também por aquela paixão brincalhona que é o segredo orgânico de toda arte. Precisamente quando Lessing parecia estar à direita é que estava à esquerda, superior a tudo o que se podia imaginar em seu tempo.

Por isso, não é fácil imaginar algo mais desleal do que a tentativa do romantismo católico de pôr a serviço do princípio romano da tradição e da autoridade as erupções desse que foi o maior protestante entre Lutero e Nietzsche contra a preeminência da letra. Na esfera alemã, o romantismo filocatólico é o único exemplo de um movimento reacionário provido de espírito. Exatamente por isso, devia se dar ao respeito e não tentar pôr a seu serviço justamente o espírito mais oposto ao seu. E quão mais repugnante é a visão, tão costumeira, dos que não têm espírito, dos que se opõem ao espírito tentando falsear os resultados do intelecto e se ornar com eles! Conhecemos isso. Nos dias que correm, quantas ocasiões não teria a verdade para gritar aos ouvidos de quem tenta desviá-la para seu próprio moinho: "Não era essa a ideia!"

Não era essa a ideia, ao contrário do que Clemens Brentano quis dizer, pois foi precisamente o espírito de Lutero, nenhum outro, que Lessing chamou e invocou contra o luteranismo. "Grande homem mal reconhecido! Tu nos libertaste do jugo da tradição, mas quem nos libertará do jugo insuportável da letra? Quem finalmente nos trará um cristianismo *como tu ensinarias agora*, como o próprio Cristo ensinaria?" "Como tu ensinarias agora!" – eis o puro Lessing. Eis a fórmula de tudo o que é espiritual, vivo, contemporâneo e que corre o risco de ser destruído pela letra, pela História. E "mal reconhecido" é todo aquele grande homem que os retrógrados de sempre não compreendem como historicamente grande, condicionado e limitado pelo seu século, mas tomam ao pé da letra, levando a sua autoridade a lutar precisamente contra aquilo que ele ou seus semelhantes "ensinariam agora". Enganam-se muito se anseiam pelo grande homem de ontem, achando que virá a ser um dos seus. Se viesse, eles mal o reconheceriam. Um escritor francês proferiu a bela frase: "Uma obra-prima não pode parecer obra-prima." Talvez a frase admita exceções e uma nova obra-prima possa emergir na máscara meio paródica da dimensão histórica a fim de reunir o atrativo daquilo que é digno e confiável com o que é audacioso e novo (sendo que aqueles verdadeiramente conservadores irão perceber e desprezar a paródia como sendo blasfema)! Ainda assim, a frase não vale como regra apenas na arte, mas para toda a vida, para tudo que se dá e se faz no tempo. Um vulto em que os de ontem, os que olham para trás, os conservadores históricos julgam identificar um grande homem de outrora provavelmente não é um grande homem da vida. Para olhos idiotas, aquele Goeze puro-sangue, poderoso e combativo, o punho cerrado na Bíblia, com sua fé inabalável na palavra revelada, certamente se parecia mais com o Lutero histórico do que o Lessing versátil, dissimulador e cético, em tudo mais adepto de Frederico o Grande do que de Lutero. No entanto, Goeze não era "o novo Lutero", mas apenas um homem que parou no tempo; o novo Lutero era Lessing.

Quem quererá negar que Lessing, que um dia foi tão vivo, presente, hoje seja uma figura apenas histórica? Que hoje não é mais válido para a vida o que nele foi a tendência parcial (e então necessária!) do racionalismo, essa teoria de Natã sobre a virtude abstrata, que transforma o conceito da religião em algo demasiado humano e difuso e não quer saber de um conteúdo religioso positivo e inato? Que o Iluminismo, de quem ele sempre foi filho e cavalheiro, apesar de pequenos deslizes artísticos, hoje seja obsoleto e tenha dado lugar a um conceito de vida mais cheio de sangue, profundo, trágico? E, no entanto, provavelmente o Lessing de agora seria chamado para criticar o movimento exagerado e abusado na direção contrária... Já fomos tão longe no campo irracional, para o gáudio inferior de todos os inimigos da luz viril, de todos os sacerdotes do orgasmo dinâmico – o espírito compreendido como força –, que essa reação natural ao racionalismo começa a parecer malsã e perigosa, começa a pedir um contragolpe que rechace para as trevas originais essas criaturas ctônicas, que ganharam espaço demais. O espírito do Lessing *histórico* tem um dever hoje, cuja importância vital não deveria ser subestimada apesar de toda a modernidade antirracional e hostil ao intelecto. Refiro-me àquela hostilidade, àquele anti-idealismo que forma um lado, apenas um lado, da profecia ébria de espírito [*geisttrunk*] de Nietzsche, e que se presta tão facilmente ao abuso no campo da moral e da política. No espírito e em nome de Lessing, devemos ir além de qualquer tipo de fascismo para atingir uma união entre sensatez e sangue que, só ela, merecerá o nome de humanidade plena.

Esse grande dialético não se tornou nenhum niilista satírico "para abandonar o campo de batalha com riso de escárnio", ele foi *bondoso*, por isso é que seu povo e os povos lhe devem ser mais gratos. Ele brincou com aquilo sobre o que refletiu profunda e longamente, mas não brincou por brincar. Foi um dos espíritos mais crentes, bondosos e esperançosos que já viveram e se preocuparam com o humano. Ele, o mais viril, acreditou na chegada da maturidade da humanidade, e quero finalizar minha reflexão com as palavras com que ele acreditava, palavras cheias de um *pathos* íntimo, ao qual só raramente sua linguagem se elevava, mas sempre com muita emoção: "Anda com teu passo discreto, sábia providência! Mas que eu não me desespere por essa discrição, quando mesmo os teus passos pareçam retroceder! – Não é verdade que a linha mais curta seja sempre a linha reta."

Goethe como representante da era burguesa[1]

Diante da tarefa de lhes falar sobre Goethe, busco refúgio em uma recordação, um acontecimento que deve me encorajar e conferir ao meu intuito aquela legitimidade que é o que há de melhor, de mais decisivo em todas as coisas. Evoco as sensações que me assaltaram quando, anos atrás, percorri pela primeira vez a casa paterna de Goethe na Hirschgraben, em Frankfurt.

---

[1] O título deste ensaio em alemão é "Goethe als Repräsentant des bürgerlichen Zeitalters". *Bürger* e *Bürgerlichkeit* são conceitos difíceis de serem traduzidos e devem ser vistos numa perspectiva histórica. Têm importância central na história literária alemã. A emancipação da burguesia na Era Moderna foi uma das fontes das profundas mudanças culturais e socioculturais que ocorreram ao longo do século XVIII. Mas o conceito de *Bürger* contém uma diversidade de componentes semânticos e estruturantes que são tudo menos uniformes e pouco têm a ver com o moderno sentido da palavra. Englobam os significados de burguesia, mas também de cidadania, civilidade e uma espécie muito particular de cultura e de visão do mundo.

O conflito entre o estilo de vida burguês (*Bürger*) e artístico permeia toda a obra de Thomas Mann, principalmente na primeira fase de sua vida. Egresso de uma família burguesa e sendo ele próprio um artista, Mann experimentou com corpo e alma essa dicotomia entre o *Bürger* marcado por vitalidade e senso de responsabilidade *versus* o artista enquanto pessoa menos responsável. Talvez depois da Primeira Guerra Mundial ele tenha começado a aceitar mais o seu lado de artista; mas sempre refletiu sobre o papel do *Bürger*, do nacionalista, do conservador.

Aquelas escadas e aqueles quartos eram meus antigos conhecidos quanto a estilo, ambiente, atmosfera. Era a "origem", tal como ela está no livro, no livro da minha vida, e, ao mesmo tempo, o início de algo incomensurável. Eu me sentia "em casa", mas era ao mesmo tempo um hóspede tardio e tímido na esfera originária do gênio. Pátria e grandeza encontravam-se ali. Vi e respirei tudo o que havia de burguês e patriarcal, transformado em museu e objeto de uma tímida piedade, em sua condição de berço do herói; vi e respirei a dignidade bem-comportada, conservada e sacralizada em nome do filho que deixou aquilo para trás – e como deixou para trás! –, crescendo para o rigor do mundo. Vi e respirei aquilo e, em meu peito, o misto de intimidade e veneração fundiu-se naquele sentimento que reúne humildade e autoafirmação: em amor sorridente.

Não posso falar de Goethe senão com amor, quer dizer, a partir de uma intimidade cuja indecência é amenizada pelo sentimento mais vivo do incomensurável. Falar de suas grandezas: eis uma tarefa que deixo de bom grado aos historiadores e espíritos cultos, aos que se sentem à altura daquele que foi o maior de todos. Já outra coisa é participar de sua substância e tentar encontrar aí – não na esfera espiritual, e sim na humana, natural – uma espécie de direito, de possibilidade de dialogar. É somente a partir da própria substância e do próprio espírito, de certa experiência familiar, portanto, da intimidade orgulhosa e infantil do *"anch'io sono pittore"*,[2] que alguém como eu sabe falar de Goethe – e por que renegar um reconhecimento, um direito à intimidade que ultrapassa em muito a pessoa e

[2] Em italiano no original: "Também eu sou pintor!" Exclamação do pintor italiano Correggio diante de um quadro de Rafael em Bologna.

atinge a dimensão da nacionalidade? Este ano, por esses dias, o mundo festeja o grande cidadão: mas só nós, os alemães, podemos fazê-lo com aquela familiaridade que eu mencionei, a partir daquela substância que era dele. A dignidade burguesa como pátria do humanismo, a grandeza mundial como filha da burguesia – em nenhum outro lugar esse destino, em que se mesclam a origem e o desenvolvimento mais ousado, está tão em casa como entre nós, e tudo o que é alemão e que se expandiu da esfera burguesa para a esfera intelectual mora, sorridente, naquela casa paterna de Frankfurt.

Pode-se vislumbrar a figura desse grande homem e poeta, ou melhor, desse grande homem em forma de poeta, segundo metros diferentes, dependendo da perspectiva histórica. Ele foi, por exemplo – e essa é a perspectiva mais modesta –, senhor e mestre de uma era da cultura alemã, a época clássica à qual os alemães devem o título honorário de povo de poetas e de pensadores, a época de um individualismo idealista que, na verdade, fundou o conceito de cultura alemã e cuja magia humana, especialmente em Goethe, consiste em uma estranha ligação psicológica entre, de um lado, a formação da pessoa, a realização do eu e, de outro, o ideário da *educação*, e isso de tal modo que a ideia de educação seja ponte e transição do mundo interior para o mundo do social. Ver Goethe como representante dessa época cultural, clássica e humanística, é portanto a perspectiva mais estreita pela qual se poderia focalizar a sua figura. Outra, bem maior, é possível e se impõe. É aquela utilizada por um de seus primeiros admiradores estrangeiros, Thomas Carlyle, logo após a morte do grande alemão, quando escreveu que havia na terra certos indivíduos capazes de imprimir às coisas um impulso que só se esgotaria em quinze séculos e que, a bem da verdade, ainda continuariam a agir por mais dois mil anos sem perder a marca de quem os gerou. Se falarmos da era de Goethe sob esse ponto de vista, ela já não será medida em séculos, mas em milênios, e de fato existem nesse milagre de personalidade chamado Goethe (que os próprios contemporâneos não hesitavam em alcunhar de "homem divino") forças mitogênicas como só há nos grandes vultos que passaram pela Terra – e ninguém saberia dizer o quanto ele ainda poderá crescer com o tempo.

Mas entre esses dois modos possíveis de vê-lo – um comparativamente mais íntimo e outro mais grandioso –, existe um terceiro, intermediário, e para nós, que vemos encerrar-se uma era, a era burguesa, que em tempos de necessidade e crise temos por destino encontrar a transição para novos mundos, novas ordens interiores e exteriores, essa terceira possibilidade é a mais próxima e natural: refiro-me àquela que o vê como representante daquele meio milênio que designamos por era burguesa e que se estende do século XV até a virada do século XIX. Nascido pouco antes de meados do século XVIII, sua energia vital o projetou ainda pelo tempo de uma vida humana para dentro do século XIX, e, embora as raízes de sua cultura estivessem plantadas no século XVIII, ele abarcou espiritual e psicologicamente muita coisa do século XIX – não apenas em registro profético, como na obra épica da maturidade, o romance social *Os anos de peregrinação de Wilhelm Meister*,[3] em que ele antecipa todo o desenvolvimento econômico e social

---

[3] Obra publicada a partir de 1821 em que Goethe resume seu ideal de formação total da cultura do indivíduo, sonhando com uma utópica sociedade educativa para esse fim, a "província pedagógica".

do novo século como pedagogo preocupado, mas também na chave poética, como nas *Afinidades eletivas*, que, embora tenham paisagem e trajes rococó, em sua humanidade interior já não fazem mais parte do século XVIII e de seu racionalismo áspero, mas nos conduzem a novos estados psicológicos, a universos mais profundos e mais obscuros de sentimentos e ideias.

Rebento dos séculos XVIII e XIX, mas rebento igualmente do século XVI, da época da Reforma, irmão de Lutero e de Erasmo ao mesmo tempo. É impressionante como seus traços estão ligados a essas duas figuras; ele mesmo ressaltou o parentesco e a simpatia que os unem. Pode-se mesmo dizer que ele reúne as personalidades de ambos: na explosão teutônica, engenho alimentado por forças populares, aproxima-se fraternalmente de Lutero, e o próprio Goethe não deixou de se comparar a ele. É característico o jogo de ideias em que ele se apresenta experimentalmente como tradutor da Bíblia, explicando que tem coragem somente de melhorar o que há de delicado. Ele é protestante, diz Riemer,[4] querendo dizer com isso que ele protesta contra "papas e padrecos" e que continuará sempre protestando, o que significa, segundo sua explicação, *avançar*. Pois, para ele, tudo o que atrasa a evolução do ser humano tem a ver com o proselitismo, seja na Igreja, no Estado, na ciência ou nas artes. "Ser protestante cai bem aos alemães, os alemães não seriam nada sem o protestantismo." Mas, por outro lado, existem afirmações que o aproximam mais de Erasmo que de Lutero, o homem do povo.

---

[4] Friedrich Wilhelm Riemer (1774-1845), escritor e bibliotecário, pertencia ao círculo íntimo de amigos de Goethe e publicou em 1841 *Informes sobre Goethe*. Thomas Mann deve a essa obra a observação sobre o protestantismo goethiano.

Franztum drängt an dieses verworrenen Tagen wie einstmals
Luthertum es getan, ruhige Bildung zurück.[5]

O dístico mostra clara e nitidamente como se teria posicionado, tivesse ele nascido no século XVI e não no século XVIII: em nome do nobre princípio da "formação", reunindo os conceitos de natureza e cultura, teria optado por ficar ao lado de Roma contra a "agitação" espiritual, ou então teria assumido uma posição ambígua e fluida como Erasmo, a cujo respeito Lutero chegou a dizer que a tranquilidade lhe era mais cara do que a cruz e sobre quem externou, sem ocultar sua simpatia, que estava entre aqueles que são felizes por serem sábios e não fazem profissão de ensinar aos outros. Eis a aristocracia espiritual do humanismo, a simpatia para com o nobre, o não popular, que a personalidade de Goethe abrangia, tendo sido criada para abarcar todos os contrastes. Ainda assim:

Freiheit erwacht in jeder Brust
Wir protestieren all mit Lust.[6]

E por mais que Goethe, novamente por motivos intelectuais e burgueses, dos quais voltaremos a falar, desprezasse a revolução, tanto mais positiva era a sua postura diante dos estágios preliminares que levaram a ela, a Reforma alemã e a época do despertar do indivíduo, a Renascença italiana, portanto, o século XV, onde ele se sente totalmente em casa. Ele é o grande

[5] "Os franceses combatem, nesses dias confusos,/ a educação tranquila, como antanho o fez Lutero."
[6] "Em cada peito a liberdade desperta/ Todos protestamos com vontade."

ser individual, excessivamente individual, o homem destinado à fama, e traços de parentesco o ligam, assim como a Lutero, também a Leonardo da Vinci, que ele repete pela amplitude interior, pela alma votada duplamente à arte e à ciência da natureza. Se houver necessidade de mais provas desse parentesco, vale apontar que ele traduziu Benvenuto Cellini; que, num jogo poético, substituiu a corte de Weimar, no *Tasso*, pela corte renascentista de Ferrara; e que seus poemas épicos *Hermann e Dorothea* e *Aquiles* levam em sua forma e composição o caráter artístico daquela época, parecem obras imagéticas [*Bildwerke*] à maneira da Antiguidade, como que se erguendo a partir da superfície antiga – ele mesmo confessava que preferia ler *Hermann e Dorothea* na tradução latina, uma transposição que faz essa obra migrar ainda mais fortemente da esfera alemã burguesa para a da Renascença. Mas, ao mesmo tempo e mais que tudo, esse poema, em sua solidez poética, em sua humanidade inabalável, esse poema é – ao lado de "O sino" [*Die Glocke*], de Friedrich Schiller – a glorificação e a transfiguração mais pura e consciente daquele centro humano que designamos por burguesia alemã.

Numa conversa, esse filho de uma família burguesa de Frankfurt certa vez referiu-se às dificuldades que um talento como Byron teve de enfrentar por conta do ambiente em que nasceu, por pertencer a uma classe nobre e dispor de grande fortuna. Segundo Goethe, uma condição mediana é muito mais propícia para o talento, razão pela qual "encontramos todos os grandes artistas e poetas nas classes médias". Esse elogio ao estrato médio enquanto solo fértil para o talento não é raro em Goethe; há numerosos trechos em suas conversas em que ele atribui à burguesia aquilo que no caso de *Hermann e Dorothea* chamamos de humanidade inabalável, esta "formação bela e tranquila" que, para utilizar a sua expressão, "faz perdurar essa classe em tempos de guerra e de paz".

Goethe narra: "Certa vez, em Karlsbad, alguém falou que eu já era um poeta respeitável, querendo dizer, com isso, que, a despeito de ser um poeta, eu ainda assim continuava a ser um burguês sensato. Houve quem considerasse isto um elogio, outros acharam que era uma reprimenda, já eu não posso dizer nada a respeito, uma vez que se trata do meu Eu sobre o qual os outros emitem seu julgamento." – Bem, não consideramos que isto seja nem elogio nem reprimenda, e sim a constatação crítica de um observador que não pode ter sido desprovido de inteligência. Querer descobrir numa pessoa de tal grandeza traços que, para bem ou para mal, podem ser chamados de burgueses beira o cômico, é quase uma piada. Mas ao mesmo tempo isso permite que algo pequeno e exterior possa se ligar à grandeza e à espiritualidade, o que evidencia as características humanas também desses mínimos traços. Vejamos a aparência exterior de Goethe, seu apuro nos trajes, o senso de elegância, a gentileza atestada pelos seus amigos e o asseio de tudo o que ele produziu. São os costumes mais simples e naturais da boa origem social, do berço burguês. Nas palavras de um contemporâneo, o seu comportamento não se destacava "de forma alguma por aquela excentricidade que tão frequentemente encontramos nos homens geniais, seus modos eram simples e educados". Aquele ser era desprovido de qualquer traço sacerdotal, de pompa ou circunstância, de qualquer ambição sacra. Era capaz de fazer troça de si mesmo e, na medida em que os deveres intelectuais o permitiam, era capaz de ser bonachão, quase infantil ou paternal. Sua índole afetiva era sobretudo a de fazer algo para as pessoas, de tornar o mundo palatável para elas. Nos conselhos de vida bem-intencionados que dá, o conceito do conforto tem um papel especial, e é de modo bem burguês, num sentido já espiritualizado, que ele, em *Poesia e verdade*, atribui todo conforto na vida ao *retorno regular* das coisas externas – a alternância entre dia e noite, as estações do ano, a floração e as frutas e tudo mais que deparamos em cada época da vida. Dizia que se cansar desse ritmo regular dos eventos da natureza e da vida era, este sim, o verdadeiro sinal revelador de uma alma doente e da existência de risco de vida, sendo o principal motivo para o suicídio.

O valor que ele atribuía à boa comida e bebida, a irritação e a ofensa que sentia quando não era bem atendido nesse particular, fazem parte desse quadro humorístico de vida burguesa, assim como o fato de Zelter o abastecer regularmente com nabo de Teltow, o que certamente contribuiu para a amizade dos dois. Há suficientes testemunhos de que na casa de Sua Excelência Goethe comia-se excepcionalmente bem, e nesse aspecto é inevitável que eu me lembre de um breve episódio que, curiosamente, aproximou mais sua personalidade de mim do que qualquer outra manifestação mais elevada do espírito. Encontrava-se em Weimar o literato Martin Friedrich Arendt, que fizera expedições à Islândia, um sábio boêmio de aspecto algo insólito e hábitos não muito sofisticados. Convidado para almoçar na casa de Goethe, Arendt divertia o anfitrião e um grupo de amigos próximos com aventuras de viagem e resultados de pesquisas, e não fazia nenhuma cerimônia ao se servir. O cardápio consiste em assado de carneiro com salada de pepinos. Depois de ingerir várias porções, o bom Arendt não consegue admitir que o molho do assado misturado com o sumo dos pepinos vá para o lixo. Pega o prato com as duas mãos e o leva à boca, mas hesita no último instante e lança uma olhadela para o anfitrião, como se para pedir sua autorização. O grande homem das boas maneiras revela total compreensão pelo desejo do seu convidado e, com a maior bonomia e franqueza, solicita que ele não se envergonhe. Além disso, vendo-o sorver ruidosamente, não permite que se instale um silêncio que possa constrangê-lo, mas começa a *falar*, discorrendo com a convicção mais calorosa sobre a tal mistura de molho de assado e sumo de pepino, com essa peroração dando ao glutão total liberdade para se entregar ao seu desejo. Para ver essa cena alegre e se conscientizar inteiramente de seu charme, é preciso imaginar Goethe como no retrato pintado por George Dawe em 1819, quadro este que sempre percebi como especialmente verossímil, com aqueles olhos cheios de esperteza infantil, de profunda e bondosa experiência, aquela bonomia conhecedora da Humanidade.

Enquanto homem de negócios e responsável pela economia doméstica, ele é atento, desconfiado e tenaz. Não considera indigno de um poeta estar atento às vantagens que pode extrair de suas obras. Decide propositalmente publicar *Hermann e Dorothea* primeiro em forma seriada (pela editora Vierweg, de Berlim), por ocasião da feira comercial Michaelismesse, pois essa forma popular de divulgação lhe garante o dobro em honorários, remuneração esta que, segundo comentários de contemporâneos, era elevada até para as condições reinantes na época, embora ele mesmo não achasse nada de extraordinário naquilo. Por uma questão de princípio, jamais renuncia ao recebimento de honorários por suas colaborações, mesmo quando se trata de uma revista literária recém-fundada. Em carta ao amigo Körner, Schiller se queixa de que Goethe "não dá nada de presente". Estava se referindo à revista literária *Merkur,* combalida pela sobrecarga de honorários, o que não impedia Goethe de insistir em receber a remuneração por suas colaborações.

Há nele um traço burguês de amor à ordem que ele herdou do pai – de quem também lhe vem a séria disciplina de vida – e que, como no pai, transformou-se com a idade em pedantismo e em mania de colecionador. Em *Poesia e verdade,* ele conta que o Conselheiro Imperial levava ao extremo o princípio de terminar qualquer coisa iniciada. Mesmo que um livro seja enfadonho, uma vez iniciada a leitura é preciso ir até o fim; e assim ele insistia obsessivamente na finalização de tudo o que tivesse começado, ainda que o empreendimento em questão se revelasse incômodo ou mesmo inútil. O pai não tolerava que Wolfgang abandonasse estudos de desenho como esboços inacabados: circundava com lápis esses esboços a fim de obrigar o jovem a completar o desenho. Não se deve subestimar a eficácia de tal persistência pedagógica para a vida. Certamente, a ordem ético-produtiva de terminar as coisas era um corretivo necessário para a natureza de Goethe, que facilmente se enfadava e inquietava, curiosa por inúmeras coisas. De um ponto de vista exclusivamente prático e social, no fundo é indiferente se um artista possui a virtude burguesa da paciência, da laboriosidade e da persistência para conduzir uma obra iniciada ao término e ao aperfeiçoamento. Mas ao egoísmo do sonho e do prazer individual devem se contrapor os estímulos sociais da simpatia e do obséquio – estímulos burgueses, por assim dizer – para que se possa concretizar a obra; e quem sabe se o *Fausto* teria afinal recebido o acabamento externo de que seu conteúdo interior infinito era capaz não fosse o pai burguês que implantou na alma infantil o imperativo pedagógico de sempre "terminar tudo"?

"A maneira do artista de criar", disse Goethe a Eckermann, "quer sempre acabar logo e não encontra prazer no trabalho. O talento verdadeiro e genuinamente grandioso, no entanto, encontra a sua maior felicidade na realização." Segundo ele, "nunca se deveria pensar em terminar, assim como não se viaja para chegar a algum lugar, e sim pelo prazer de viajar". Em outra oportunidade, observou: "Existem pessoas excelentes que não conseguem fazer nada brincando, sem esforço, mas cuja natureza requisita que penetrem seus respectivos objetos profundamente e com calma. Tais pessoas talentosas muitas vezes nos deixam impacientes, uma vez que é raro que nos deem imediatamente aquilo que desejamos. Mas apenas por este caminho é que se consegue realizar as coisas mais elevadas." Ele se refere objetivamente a pessoas excelentes, mas está claro que ele é uma delas e que ele próprio realizou as coisas mais elevadas através desse caminho. Um traço de ponderação e de lentidão, de paciência maternal na gestação, é inseparável do seu gênio. De fato, como criador, Goethe é de natureza mais lenta do que intempestiva, improvisadora. Durante trinta anos carregou consigo aquela maravilhosa história que, no fim, recebeu simplesmente o título de *Novela*. Entre o esboço e a peça pronta, *Egmont* precisou de doze anos para ser escrito, *Ifigênia*, de oito e o *Tasso*, de nove. O trabalho nos *Anos de aprendizado* estendeu-se por dezesseis anos, no *Fausto*, por quase quatro décadas. Enquanto poeta, viveu a vida inteira bebendo na fonte de sua própria juventude. Não foi um homem de invenções e esboços sempre novos, a sua produção foi no fundo um eterno retrabalhar e concluir conceitos que remontam à época primeira de sua vida e que ele carregou consigo através das décadas, preenchendo-os com toda a riqueza de sua vida e fazendo, assim, com que ganhassem uma amplitude universal. Desse modo, o *Fausto* é, na origem, uma genial peça estudantil que satiriza as faculdades e os professores e que trata em versos rimados da doce e infeliz história da sedução de uma rapariga burguesa. Mas a força germinativa desse esboço juvenil e a lealdade a ele dedicada foram de tal forma sustentadas que, com o passar do tempo, fizeram crescer uma grande árvore frondosa, o poema fundamental do germanismo e da humanidade, um livro que se consulta como se consulta a Bíblia, para encontrar palavras humanas expressadas de forma consoladora, poderosa. Assim, *Wilhelm Meister*, segundo o esboço original, é um romance sobre um rapaz entusiasmado com o teatro, sem outra intenção senão a de narrar um mundo de ciganos dionisíacos, o mundo dos cenários, de um modo como nunca fora narrado antes. Mas, no final, a vida de comediantes não foi mais do que o ponto de partida para uma viagem de formação épica de tal forma vasta e absorvente que fez um sábio crítico romântico dizer que a Revolução Francesa, a doutrina da ciência de Fichte e o romance *Wilhelm Meister* foram os três grandes acontecimentos da época. Esse desenvolvimento involuntário, sem ambições, quieto e natural, quase vegetativo, a partir de inícios insignificantes para uma dimensão de sentido mais pleno é o que há de mais adorável na monstruosa obra da vida de Goethe.

HÁ MANIFESTAÇÕES DE AVERSÃO e de menosprezo em relação a grandes personalidades, manifestações polêmicas, malévolas e, por essa via, clarividentes, a partir das quais aprendemos mais sobre o seu objeto do que com vibrantes panegíricos. Penso na carta de um certo Sr. Von Bretschneider ao berlinense Friedrich Nicolai, escrita no ano de 1775, na qual o remetente se manifesta com uma antipatia que não carece de agudeza psicológica a respeito do autor de *Os sofrimentos do jovem Werther*, sobre sua razão inconfiável e seu temperamento inconstante, mas também admite as seguintes vocações de poeta: "Há em Goethe", diz ele, "um certo germe de capacidade, ou antes, ele tem um gênio poético que é eficaz quando, depois de ter carregado um assunto consigo durante algum tempo e trabalhado nele, tendo colecionado tudo o que pode servir à sua causa, senta à escrivaninha. Ele nunca poderia ter sido um poeta ocasional. Pois não sabe fazer nada que lhe seja alheio. Quando alguma coisa chama sua atenção, aquilo fica na sua alma e na sua cabeça, tudo o que ele nota ele procura amalgamar àquele pedaço de argila que está trabalhando, não pensando em nada além desse objeto." Este trecho tem um acento pejorativo, que aos poucos se mitiga, mas expressa com sinal negativo verdades psicológicas e constitucionais que depois se revelaram no maior estilo criador. Só há dois caminhos para se atingir um objetivo significativo, teria dito Goethe: *violência* e *consequência*. O caminho desse grande não violento e pacifista foi a consequência, a coerência, a persistência calma. Ocasionalmente, ele levava esse princípio ao nível do grotesco e insinuava uma disposição assustadora de se confessar monótono por amor ao dever. "E se minha tarefa fosse esvaziar e encher o tempo todo este recipiente que está diante de mim – eu o faria com paciência incansável e o mais preciso cuidado."

Observa-se nele um elemento de cuidado e precaução que podemos considerar parte da ética burguesa. "Quem se precavê", diz Goethe, "é senhor do dia." Ele celebra a madrugada, a manhã, quando, segundo ele, somos mais inteligentes, mas também mais cuidadosos, "pois o cuidado", acrescenta, "também é uma sabedoria, embora apenas passiva; a burrice não conhece nenhum cuidado". E o valor da manhã como a verdadeira hora do dia para a atividade criadora se eleva a uma dimensão solene quando ele exclama:

> *Tag vor dem Tage, göttlich werde Du verehrt! Denn aller Fleiß, der männlich schätzenswerte,*
> *ist morgendlich.*[7]

É esse traço de cuidado que está associado ao culto ao tempo, à sagração do tempo, à economia do tempo, que esgota cada minuto e que tornou a sua vida uma das mais laboriosas que já houve. Ele celebrou o minuto no pequeno poema para o álbum do seu neto, aquele provérbio com o qual respondeu a uma afirmação sentimental e pessimista de Jean-Paul,[8] pouco respeitado por ele.

> *Ihrer sechzig hat die Stunde,*
> *Über tausend hat der Tag.*
> *Söhnchen, werde dir die Kunde,*
> *Was man alles leisten mag.*[9]

---

[7] "Dia antes do dia, divinamente sejas celebrado!/ Pois toda a laboriosidade que se preze masculina é matutina."

[8] Conhecido como Jean-Paul (1763-1825). O escritor de maior influência sobre a literatura de língua alemã, exceto talvez por Goethe.

[9] "Sessenta deles tem a hora/ Mais de mil tem o dia/ Filhinho que saibas/ o quanto se pode realizar."

Sua lavoura, o tempo. No fundo, não sabia o que era descansar. Confessava que aproveitava para múltiplas atividades as horas que se concedem a qualquer outra pessoa para repousar. Goethe, aos setenta e nove anos, é esperado à mesa por um grupo de pessoas, entre as quais está Tieck, e por fim – suponho que preventivamente – mandam uma bela jovem até o seu gabinete de trabalho, onde o ancião está de guarda-pó diante de uma pilha de papéis em sua escrivaninha. Quando ela pede que venha alegrar as pessoas com a sua presença, ele se enfurece. "Pois então acham que eu devo sair correndo para atender qualquer um?", exclama. "E o que acontece com tudo isso aqui?", aponta para os papéis abertos. "Quando eu estiver morto, ninguém mais vai fazer isso. Por favor, diga isso a eles." Quando a jovem dá meia-volta, triste, ele se amansa e a chama de volta. "Um ancião que ainda quer trabalhar", diz, suavemente, "não pode mudar sua vontade só para agradar a qualquer um. Se o fizer, aqueles que o sucederem não vão gostar." Um pequeno e comovente episódio, e é impossível render maior homenagem à ética burguesa do que chamar esse zelo infinito de burguês. Sim, podemos fazer isso, porque o amor ao esforço e ao trabalho, porque essa fé ascética também foi caracterizada como qualidade psicológica da condição burguesa por uma sociologia que fundamenta a forma intelectual burguesa no solo religioso-protestante."Quanta faina Deus impôs aos filhos dos homens"[10] foi o trecho da Bíblia que Goethe talvez tenha citado mais frequentemente, e ele costumava alongar a vogal "ü" de *Mühe* [faina, lida, esforço, trabalho] de um jeito meio humorístico, meio desesperado.

---

[10] Eclesiastes 1:13. Em alemão, "*Solche Mühe hat Gott dem Menschen gegeben*".

Esse grande homem pacífico, para quem humanidade era também sinônimo de luta, era estranho a ímpetos titânicos ou desmesurados, à ideia de invadir os céus, como ele mesmo explicou. Dizia que nunca emprestava matéria à sua obra poética, "antes, cabia a mim apresentar aquela renitência pacífica, plástica, tolerante, que reconhece o poder superior, mas quer se equiparar a ele". O princípio observador, reflexivo, justo de sua natureza, que entra em todos os personagens e fala através deles, acolhendo a vida em sua totalidade, exclui a dimensão trágica diante da qual ele confessa temor e timidez e da qual diz que acabaria por destruí-lo. Há um traço de sobriedade e de sensatez nisso, que elevados entusiastas e seráficos da poesia como Novalis poderiam perceber como antipoético. O fato de Novalis ter considerado o *Wilhelm Meister* – não sem apresentar boas evidências – um *Cândido* voltado contra a poesia[11] é um paradoxo que chega a nos confundir. E a crítica que esse místico frenético exerceu contra o maior romance dos alemães é um exemplo brilhante para aqueles documentos polêmicos dos quais falávamos e cuja negatividade nos faz aprender mais do que quaisquer manifestações de entusiasmo. Novalis ousou chamar o *Wilhelm Meister* de "apoético no mais elevado grau" (por mais poético que ele se apresentasse), uma sátira à poesia, à religião etc., e disse que Goethe compusera uma refeição saborosa, uma imagem divina, a partir de palha e de pó de serragem. "A natureza econômica é a única que sobra... O aspecto romântico ali se aniquila, assim como a poesia natural, o maravilhoso. Trata-se apenas de coisas humanas comuns, a

---

[11] Alusão ao romance *Cândido ou O otimismo* (1759), de Voltaire. Cf. a crítica de Novalis ao romance de Goethe em *Schriften*, vol.4 (1975).

natureza e o misticismo foram totalmente esquecidos. É uma história burguesa e doméstica em forma de poesia... O primeiro livro de *Meister* mostra como episódios corriqueiros e cotidianos podem ser agradáveis para o nosso ouvido quando modulados de maneira confortável, e, vestidos de forma simples numa linguagem cultivada, corrente, desfilam com passos solenes. Um prazer semelhante a um passeio à tarde, no seio de uma família que, sem contar com pessoas excelentes, sem ter um ambiente especialmente atraente, deixa uma lembrança agradável pela precisão e ordem de seu lar, pela atividade harmoniosa de seus talentos e pontos de vista medianos e pelo emprego e uso funcional de sua esfera e de seu tempo. "Isso não nos faz lembrar o homem de Karlsbad e sua afirmação sobre o poeta "respeitável"? "Goethe é um poeta bem *prático*", diz Novalis em outra oportunidade. "Em suas obras, ele é o que o inglês é em suas mercadorias: altamente simples, simpático, flexível e duradouro. Ele fez para a literatura alemã aquilo que Wedgwood fez para o mundo artístico inglês; assim como os ingleses, ele tem um gosto econômico natural e um gosto nobre adquirido pelo entendimento ... tende mais a completar algo mais insignificante, dando-lhe o melhor polimento e solidez, do que a iniciar um mundo e fazer algo que já de antemão se sabe que nunca levará a cabo."

A maldade dessas afirmações não nos impedirá de reconhecer o que há de preciso e de acertado nelas. Não falta a palavra "burguês" – e Novalis tinha acesso à magia dessa dimensão burguesa, como ele o prova em outro trecho, quando explica que, por mais estranho que possa parecer a certas pessoas, nada é mais verdade do que o fato de ser o acabamento, o exterior, a melodia do estilo que nos atrai para a leitura e nos fascina nesse ou naquele livro. *Os anos de aprendizado de Wilhelm Meister*, diz ele, "são uma poderosa evidência dessa magia da apresentação, dessa insidiosa bajulação de uma linguagem sábia, agradável, simples e, no entanto, diversa. Quem possuir essa graça da fala pode nos contar a coisa mais insignificante, que nos sentiremos atraídos e entretidos; esta unidade espiritual é a verdadeira alma de um livro, através da qual ele nos aparece como algo pessoal e eficaz."

Impossível descrever de modo mais frio, mas também preciso, a magia racional, a graça infantil-divina do estilo *goethiano*, do que com estas palavras de Novalis. Pois é, sim, verdade que qualquer extravagância, qualquer excesso poético é estranho a esse estilo, o qual, no entanto, sempre vai ao extremo, movendo-se com discreta ousadia, magistral audácia e uma infalível firmeza artística por uma linha mediana: ágil, preciso, até mesmo na prosa ditada da idade provecta, algo burocrática mas com um feitiço rítmico que forma a mistura mais clara de Eros e Logos e que nos conduz e leva de maneira agradável e irresistível. A palavra não é elevada, solene, festiva, sacerdotal ou patética – vindo da escola de Goethe, vivendo em seu gosto, nem poderíamos ler ou escutar interiormente uma tal linguagem; ela resiste e entedia sem esperanças –, tudo é proferido em um tom e volume de voz médios, dito prosaicamente, mesmo nos poemas, de uma ousadia estranhamente prosaica, alegre. A palavra é recriada, sem que tenha sido gasta, é única, como se fosse retirada pela primeira vez do seio da linguagem, reinventada, reassociada com o seu sentido de maneira que esse sentido começa a transcender estranhamente e algo de fantasmagórico aparece, algo que é ao mesmo tempo "bonitinho", como se diz no oeste da Alemanha, e sublime, comportado e arrojado a um só tempo, no sentido preciso daquela afirmação do próprio Goethe, segundo a qual em cada artista existe "um germe de ousadia" sem o qual o talento é impensável. Há disso no *Fausto*, assim como no *Divã* e nos escritos em prosa, e se a ousadia é do artista, então o que há nela de mediano, moderado, pode ser denominado burguês.

E não faria parte disso também o seu realismo, com o qual ele se contrapõe conscientemente a Schiller em sua condição de poeta que parte da ideia – assim como a plasticidade homérica de Tolstói contrasta com a maneira apocalíptica e sombria de Dostoiévski? "O teu rumo incontornável", disse-lhe o amigo Merck na juventude, e ele jamais se esqueceu desta expressão e a manteve, por assim dizer, como lema – "o teu rumo incontornável consiste em conferir ao real uma forma poética. Os outros tentam realizar o poético, o que apenas resulta em tolice." "O espírito do real", disse Goethe, "é o verdadeiro ideal" – uma forma de idealismo anti-ideal que vai contra Schiller, que determina todo o seu comportamento em relação ao que há de humano e que se mostra também na dimensão política. É dele a afirmação radical de que a incineração de uma fazenda é um verdadeiro infortúnio, uma catástrofe, ao passo que o "declínio da pátria" é apenas uma frase vazia. Esta é uma expressão altamente radical de sua mente apolítica e antipolítica e, o que dá no mesmo, do seu antidemocratismo, que nada tem a ver com aristocratismo. Ele próprio insistiu em dizer que Schiller, no fundo, era bem mais aristocrático do que ele. Schiller, que dos dois é o mais crítico e mais atento, aponta-nos as diferenças entre as formas intelectuais de ambos, diferenças essas que ocuparam Schiller profunda e enfaticamente e às quais devemos a principal parte de sua obra ensaística. Portanto, como eu dizia, Schiller nos revela o que há de melhor e mais acertado sobre essas diferenças e esses contrastes; e quando, no ensaio *Sobre poesia ingênua e sentimental*, apresenta, de um lado, o realista que se mostra amigo do homem sem no entanto ter um conceito muito elevado do homem e da humanidade e, de outro, o idealista que tem a humanidade em tão alta estima que corre o risco de desprezar os homens, essa análise se refere muito nitidamente a ele e a Goethe. E nada pode ser mais interessante em termos psicológicos do que ver como Schiller, ao formular a relação do idealista com o homem, externa aqui o lado *francês* de sua própria personalidade. É o caráter do espírito literário francês que ele descreve em breves palavras, essa estranha convivência do ímpeto humanitário-revolucionário, da fé na humanidade e do pessimismo mais profundo, amargo, até mesmo sarcástico, no que diz respeito ao homem enquanto indivíduo. Ele define a paixão abstrata, político-humanitária, em oposição ao realismo sensorial da simpatia individual. Ele é o patriota da humanidade de espírito humanitário-revolucionário, e, se pudermos dizer que o autor de *Götz von Berlichingen*, do *Fausto*, de *Ditos em rimas* e *Hermann e Dorothea* é um não patriota arquialemão, então o poeta de *Guilherme Tell*, da *Donzela de Orléans*,[12] seria um patriota internacional. Ele é a ideia burguesa no sentido político, democrático, enquanto Goethe a representa no sentido intelectual e cultural. Como sabemos, foi essa sua condição burguesa espiritual e cultural que o fez vivenciar a Revolução Francesa como algo tão cruelmente hostil que – segundo suas palavras – o corroeu como se fosse uma doença e por um triz

---

[12] Goethe e Schiller, respectivamente.

não lhe custou o seu talento; e é difícil dizer até onde o caráter pessoal, cultural, antipolítico da burguesia alemã foi cunhado por Goethe ou até que ponto a pessoa de Goethe era, nisso, a expressão da condição de burguês alemão. É provável que devamos ver nisso uma relação mútua, pois intuitivamente está claro que Goethe, apesar de sua condição de cidadão do mundo, ou por causa dela, era culturalmente um burguês, um burguês alemão. Embora tenha equiparado humanidade e luta dizendo "pois eu fui um homem, e isso significa ser um batalhador", não existe para ele nenhuma estirpe humana que batalhe por ideias políticas, revolucionárias. O *pathos* da luta pela liberdade de cunho político-humanitária lhe é estranho. Ele insistia em dizer que também era um lutador, batalhador pela liberdade humana. "Podeis fazer um monumento para mim, como para Blücher;[13] ele vos libertou dos franceses e eu, das redes de filisteus." Mas há a confissão que fez já idoso: "Nunca foi do meu feitio rebelar-me contra institutos, isso sempre me pareceu presunçoso, e pode ser que eu tenha me tornado cortês muito cedo. Em poucas palavras, não era do meu feitio, e por isso eu nunca fiz mais que tocar de leve numa porção remota desse assunto." Goethe era combativo e libertador no campo moral, espiritual, principalmente no campo erótico, e não no estatal e no burguês. Com o destino miserável de Gretchen, com a culpa amorosa de Fausto, não criticou ou atacou nenhum parágrafo jurídico, nenhum problema social, nenhum "instituto", mas é um poeta que conversa com a eternidade sobre o destino humano naquela "tragédia". Assim foi

[13] Gebhard Leberecht von Blücher (1742-1819), famoso general prussiano da era napoleônica.

possível que esse mesmo poeta, enquanto membro do Conselho de Estado de Weimar, tenha escrito "eu também" sob a sentença de morte de uma jovem infanticida que o próprio duque teria preferido anistiar – episódio que, não fui o primeiro a notar, é tão dramático quanto o *Fausto* inteiro.

O francês Maurice Barrès classificou a peça *Ifigênia em Táuris* de Goethe de obra civilizatória que "representa os direitos da sociedade contra a soberba do intelecto". Essa afirmação se aplica com uma precisão talvez ainda maior àquela outra obra sobre autodisciplina e autopunição à beira da autoflagelação, o drama *Tasso*,[14] frequentemente desdenhado por sua atmosfera de conveniência e pudicícia. Com aquele terrível aposto, "Eu também", Goethe obrigou-se a empregar a sua autoridade mundana em favor dos direitos da sociedade e contra o espírito, para cuja libertação ele contribuíra tão poderosamente enquanto poeta através do incitamento do sentimento, e como escritor através da ampliação e do aprofundamento analítico do conhecimento sobre o homem. Ele defendeu a sociedade no sentido conservador que está embutido no conceito de defesa. Não se pode ser apolítico, só se pode ser antipolítico, e isso significa ser conservador, enquanto o espírito da política é, em si mesmo, humanitário e revolucionário. Não foi outra coisa que Richard Wagner quis dizer ao afirmar: "O alemão é conservador." Só que – como ocorreu com Wagner e seus discípulos intelectuais – o comportamento conservador, entre os alemães, pode se politizar até se transformar em nacionalismo, quanto ao qual Goethe, o alemão cosmopolita, era frio até bei-

[14] O drama *Torquato Tasso*, que explora a luta interior do artista, foi escrito por Goethe em 1790.

rar o desprezo, mesmo quando o nacionalismo tinha grande justificativa histórica, como em 1813.[15] Seu horror à revolução era um horror à politização, quer dizer, à democratização da Europa que gerou o nacionalismo enquanto acessório intelectual; e é bastante insólito ver – o que é ao mesmo tempo uma prova da imutabilidade do caráter burguês alemão – que aquele mesmo horror cultural à politização que se aproximava pôde se repetir em nossos dias, nos anos de 1916 a 1919, com toda a veemência e precisou resultar outra vez em uma luta levada a cabo com uma espontaneidade que mal disfarçava o que havia de típico dentro daquilo.

No que tange a Goethe, cabe talvez uma observação quanto a determinados efeitos e características humanas e pessoais da condição anti-ideal, observação esta que naturalmente entra tão profundamente na intimidade e no sigilo psicológico que só se pode fazer alusões. Não pode haver dúvidas de que a fé no ideal, embora deva estar pronta para a condição de mártir, é mais apta a proporcionar uma felicidade espiritual do que a atitude objetiva de poeta em um sentido elevado e totalmente irônico, que reflete todas as coisas com o mesmo amor e a mesma indiferença. Passada a inocência da juventude, há em Goethe, quando examinamos atentamente, traços de uma profunda tristeza e de descontentamento, uma infelicidade hesitante que sem dúvida deve estar ligada de maneira profunda e sinistra à falta de fé no ideal, à indiferença de sua alma cândida, àquilo que ele mesmo chama de sua paixão, seu diletantismo moral. Trata-se de uma estranha frieza, maldade,

---

[15] Goethe se refere à ideologia reinante em 1813, início de uma série de guerras libertadoras, neste caso contra Napoleão Bonaparte.

maledicência, mau humor e imprevisibilidade elementar dos elfos, à qual devemos nos abandonar e que temos que amar também, se quisermos amá-lo. Se penetrarmos no terreno de sua natureza, compreenderemos que felicidade e harmonia são atributos antes dos filhos do intelecto que dos filhos da natureza. Clareza, estar em uníssono consigo mesmo, ser objetivo, uma postura positiva, crente e determinada, em breve: paz da alma, tudo isso é muito mais acessível àqueles do que a estes. A natureza não oferece paz, simplicidade, univocidade; ela é o elemento da interrogação, da contradição, da negação, da dúvida ampla. Ela não confere bondade, pois ela própria não é bondosa. Não permite nenhum juízo de distinção, pois ela é neutra. A natureza confere a seus filhos uma indiferença e uma problemática que têm mais a ver com sofrimento e maldade do que com felicidade e alegria.

"A tendência de Goethe para a negação e sua incrível neutralidade mais uma vez vieram à tona de maneira pronunciada", escreveu o chanceler Müller.[16] E muitos contemporâneos que conviveram com ele atestam o caráter elementar, obscuro, maléfico, confuso, até mesmo demoníaco, que ressoava em suas palavras. Centenas de vezes observou-se o seu humor amargo, sua maneira de sofismar e contradizer. "Um anjo espia através de um olho e um demônio, do outro, e sua fala é uma profunda ironia sobre todas as coisas humanas", escreveu alguém que o conheceu numa viagem. No entanto, a observação mais assustadora que se fez acerca dele foi: "Ele é tolerante sem ser suave."

---

[16] O chanceler do ducado da Saxônia-Weimar-Eisenach, Friedrich Theodor Adam Heinrich von Müller, amigo íntimo de Goethe.

À impressão maravilhosamente agradável que Goethe provavelmente causava sempre se mistura outra coisa, algo opressivo e estranho, e é muito nítido como o estranhamento e o desgosto que ele provoca no amigo Schiller vêm desse lado de sua personalidade. – "É lamentável", escreve Schiller no ano de 1803, "que Goethe se deixe vencer pelo relaxamento e não consiga se concentrar em nada com energia... Faz um quarto de ano que ele não saiu nem um único dia de casa, nem mesmo do seu gabinete, sem ao menos estar doente... Se Goethe ainda tivesse alguma fé na possibilidade de algo de bom e uma coerência na sua atitude, algumas coisas poderiam ser realizadas aqui em Weimar... algo viria acabar com essa maldita paralisia." Fé na possibilidade de algo de bom! "Não imaginemos", escreveu alguém sobre ele, "que ele sempre tenha sido firme e determinado em suas opiniões, muito pelo contrário. Mas precisamente isso garantiu sua liberdade para compreender as coisas mais diversas, fazendo com que ele sempre pudesse resguardar o que viria a seguir e assim analisando cada assunto dessa ou daquela maneira." Mas essa característica parece ser fraca e eufemística em relação à autêntica verdade que aparece nas declarações de amigos próximos e queridos, e sempre leva à inquietante impressão provocada pela sua natureza de Proteu mais irônica e bizarra do que confortável, mais negativa do que positiva, mais humorística do que alegre, natureza essa capaz de se transformar em todas as formas, brincar com todas elas, absorver e deixar valer as opiniões mais contrárias. "Muitas de suas frases continham contradições, permitindo que fossem interpretadas à vontade, mas o mestre, isso sentimos com uma pontada de dor, pensa sobre o mundo: não me entreguei a nada",[17] escreve Charlotte von Schiller. A nada! Isso seria niilismo! E, perguntando seriamente, em que acreditava Goethe? Não acreditava na humanidade, digo, não acreditava na possibilidade de sua purificação e libertação revolucionária: "Eternamente haverá oscilações, uma parte estará no sofrimento e a outra, no conforto; o egoísmo e a inveja sempre serão os maus demônios a fazer o seu jogo, e a luta entre os partidos jamais terá um fim." Mas será que ele não acreditava na arte, já que ela lhe era sagrada, como dizem as boas pessoas? Determinadas réplicas argumentam contra isso. Nunca haverei de esquecer minha impressão ao ler pela primeira vez a resposta dada por Goethe a um jovem que afirmara, entusiasmado, querer viver só para a arte, esforçando-se e sofrendo. Goethe retrucou com frieza: "Em se tratando de arte, não se pode falar de sofrimento." Ele tinha sempre à mão uma ducha fria para os fanáticos, os poetas entusiasmados. Um belo dia, lança na conversa, para consternação do interlocutor, que um poema, na verdade, não é nada. "Cada poema é como se fosse um beijo que se dá no mundo. Mas um mero beijo não gera filhos." Dito isso, interrompeu sua fala e não quis mais prosseguir a conversa.

Não posso evitar associar a esses traços de sua personalidade uma característica que sempre foi observada e que trazia estranhamento aos observadores. Trata-se do embaraço e da contrição que ele demonstrou a vida toda no trato com as pessoas, contrição que se escondia detrás de uma postura formal e

[17] "Não me entreguei a nada", em alemão *"Ich hab' mein Sach auf nichts gestellt"*: com esse verso, do poema *"Vanitas! Vanitatum vanitas!"*, Goethe parodia uma canção da igreja luterana de Johannes Pappus, *"Ich hab' mein Sach Gott heimgestellt"*, "eu me entrego a Deus".

cerimoniosa, sem conseguir renegar sua verdadeira natureza, e que forçosamente chamava a atenção naquele que era um homem do mundo e da corte. "Embora ele provavelmente tenha visto mais pessoas de distinção do que qualquer outro poeta da Europa, parece um pouco constrangido quando alguém lhe é apresentado pela primeira vez", escreveu um inglês. "Eu poderia ter atribuído isso à sua frágil saúde, pois ele não estava bem-disposto quando estive com ele, se um de seus amigos mais íntimos não tivesse me avisado que ele jamais conseguia superar inteiramente aquela atitude." Quando, certa vez, a conversa girava em torno da orgulhosa postura ministerial de Goethe para com visitantes curiosos e admiradores, Ottilie von Goethe explicou enfaticamente que, por menos crível que isso fosse em se tratando de um homem tão representativo e versátil, era fato que Goethe se comportava daquela maneira por uma genuína timidez e que tentava esconder seu embaraço atrás de uma postura aparentemente arrogante. A título de explicação, acrescentou que Goethe, na verdade, era modesto e humilde interiormente. Não duvidamos disso. Quanto maior, quanto mais amplo um espírito, mais distante, para ele, a arrogância, a qual sempre é o produto da limitação. Contudo, Goethe disse: "Só o vagabundo é modesto", e não lhe faltou o sentimento de sua grandeza, sua superioridade incomparável sobre todas as pessoas que vinham ter com ele. Esse embaraço deve ter razões mais profundas; é uma característica daquele niilismo irônico do qual falávamos, daquela mais profunda e elementar e élfica falta de princípios de poeta e daquela falta de fé, daquele entusiasmo idealista que preenchia o Schiller doente, este que com certeza não conheceu essa oscilação humana a que chamamos embaraço.

Certo é que todo o ódio que Goethe teve de carregar, todas as acusações e queixas contra o seu egoísmo, sua arrogância, sua falta de moral e sua "força imensamente impeditiva", contra essa frieza com relação ao entusiasmo ideal, político – tanto faz se é a sua nuance nacionalista-bélica ou sua nuance revolucionário-humanista –, podem ser atribuídos ao fato de ele ter vivido obstinadamente na contramão do principal rumo tomado por seu século, ou seja, da ideia democrática e nacional. Com essa irritação e queixa, esqueceu-se que a indiferença de Goethe contra a raça política não significava absolutamente falta de amor: amor às pessoas – pois ele costumava dizer que a mera visão de um rosto podia curá-lo de sua melancolia, e ele cunhou a expressão altamente humana "o verdadeiro estudo da humanidade é o homem" –, e, o que é a mesma coisa, amor ao *futuro*. Pois homem, amor, futuro, tudo é a mesma coisa, é o mesmo complexo de sentimentos de simpatia e gentileza de viver que, apesar de toda a falta de política, caracterizavam a natureza mais profunda de Goethe e cunharam seu conceito de "digno da vida". Lembro-me da estranha impressão de paradoxo e audácia altaneira que tive quando, jovem ainda, tendo recebido de Schopenhauer a grande permissão para o pessimismo, compreendi pela primeira vez no "Epílogo ao 'Sino'" a expressão "digno da vida" – "A morte tomará aquele que é digno da vida?"[18] –, essa associação de palavras que, até onde eu sei, inexistia até então e é uma criação pessoal de Goethe. A vida enquanto critério mais elevado, e o fato de

[18] *"Den Lebenswürd'gen soll der Tod erbeuten?"* O "Epílogo ao 'Sino' de Schiller" ("Epilog zu Schillers Glocke") é um poema de Goethe sobre o célebre poema "Die Glocke", de Schiller.

alguém ser digno dela representar a maior nobreza, nobreza que, se tudo correr bem, protege contra a destruição – tudo isso confundiu a minha compreensão juvenil de sofisticação, que de fato levava a uma sublime inabilidade e falta de vocação para a vida terrena; essa estranha associação de palavras é prenhe de uma postura de vida positiva e rebelde, de uma afirmação de vida mais do que pessimista, que a meu ver constitui uma forma mais elevada e universal da vida burguesa, da condição de burguês: uma espécie de condição burguesa vital [*Lebensbürgerlichkeit*], a condição de quem vive com os dois pés plantados na vida, a aristocracia vital daquele que foi abençoado e privilegiado pela natureza e que, não muito longe do brutal, olha com desprezo para os "nostálgicos famintos pelo inatingível". Digo que esse tipo de aristocracia não fica muito longe do brutal, pois há algo de brutalidade na insistência no vital, como transparece nas palavras de Goethe, então aos oitenta e um anos, sobre esses canalhas que somem da vida tão cedo como o pobre Sömmerring,[19] que acabara de morrer aos setenta e cinco anos. "Prefiro o meu amigo Bentham, aquele paspalho tão radical", exclamou Goethe. "Ele está bem-conservado e, no entanto, é algumas semanas mais velho do que eu." Aqui também cabe lembrar a preciosa história de como Goethe faz troça, a sua maneira radical, do mesmo Bentham, economista e utilitarista inglês, e recebe como resposta que, se tivesse nascido na Inglaterra, Sua Excelência dificilmente teria escapado ao radicalismo e ao papel de batalhador contra os abusos. "Por quem me tomam?", respondeu Goethe. "Que-

[19] Samuel Thomas von Sömmerring (1755-1830) realizou importantes pesquisas no campo da medicina, anatomia, antropologia e paleontologia.

riam que eu tivesse saído a campo para achar abusos e ainda por cima revelá-los e dar-lhes um nome? Eu, que na Inglaterra estaria vivendo dos abusos? Tivesse eu nascido na Inglaterra, teria sido um duque rico ou então um bispo com renda anual de trinta mil libras esterlinas." Muito bem, mas e se ele não tivesse tirado o primeiro prêmio, e sim um bilhete sem valor? Afinal, havia tantos. E Goethe: "Não é qualquer um que foi feito para tirar o grande prêmio! Ou então acham que eu teria feito a tolice de cair num bilhete não premiado?" Isso é estar seguro de sua vida, é um modo de viver burguês, a consciência metafísico-aristocrática de jamais, em hipótese alguma, poder nascer senão com privilégios, benefícios, conforto.

Pode causar espanto que esse filho dileto do poder criador tenha recusado e negado estritamente as loas à felicidade de sua vida, tanto as invejosas quando as entusiasmadas. Acalmem-se, diz Goethe, não fui feliz; somando todas as boas horas da minha vida, não fui feliz nem por quatro semanas. "Foi o eterno rolar de uma pedra que precisava sempre voltar a ser erguida." E então vem a frase comovente, que realmente explica tudo: "Foram excessivas as demandas à minha atividade, tanto externas quanto internas." Portanto, ele não foi feliz por causa do tamanho das tarefas que o seu gênio lhe impunha e cuja realização o mundo insistia constantemente em tentar boicotar. E como foi a relação desse homem orgulhoso com a própria vitalidade, com a saúde e a doença? O gênio, sabemos muito bem, não pode ser normal no sentido simples burguês; mesmo o gênio mais abençoado pela natureza nunca pode sê-lo no sentido do filisteu: natural, saudável, conforme a regra. Há tanta fragilidade, irritabilidade, tendência à crise e à doença, tanta coisa psiquicamente estranha em relação à média, que soa de uma maneira estranha, próxima da psicopatologia. Goethe sabe muito bem disso e comenta de forma professoral com Eckermann: "As realizações extraordinárias dessas pessoas" – e deveria ter complementado: "pessoas como eu" – "pressupõem uma organização muito delicada para que sejam capazes de sensações raras e possam escutar as vozes celestiais. Mas tal organização geralmente é perturbada e ferida no conflito com o mundo e seus elementos, e quem não conseguir unir a maior sensibilidade a uma obstinação extraordinária facilmente ficará submetido a um estado doentio continuado." Essa união de sensibilidade e obstinação de fato determina uma vitalidade especial no gênio. "Ele tinha intimidade com o sofrimento, com a morte", disse Goethe sobre seu amigo Schiller – mas ele próprio, tão mais amigável para com a vida, também não tinha? A hemorragia do jovem indica uma tendência para a tuberculose e centenas de indícios de grande irritabilidade, mau humor, assim como vários episódios de doenças graves até a idade provecta apontam para uma fragilidade e constante risco de sua natureza, deixando transparecer quanta vontade obstinada de viver, quanto *ethos* vital foi necessário para, por assim dizer, manter essa personalidade em dia com suas tarefas durante uma vida canônica inteira, de oitenta e dois anos. Não foi brincadeira de criança, nem fisicamente, nem do ponto de vista da alma:

"Wohl kamst Du durch; so ging es allenfalls
Mach's einer nach und breche nicht den Hals!"[20]

[20] "Passaste bem pela vida; foi o que aconteceu/ Que outro imite o feito e não quebre o pescoço!" Goethe,"Zahme Xenien", VII.

"Quem escreveu um *Werther* aos vinte anos", exclama em outra oportunidade, "como haverá de viver aos setenta?!" E a tal condição burguesa vital [*Lebensbürgerlichkeit*] é seriamente posta em dúvida quando, no poema tardio feito para o herói de seu romance de juventude, ele evoca em apóstrofe a sombra tão carpida de Werther:

Zum Bleiben ich, zum Scheiden du erkoren,
Gingst du voran und hast nicht viel verloren[21]

Goethe temia aquele livrinho cheio de uma sensibilidade devastadora, que chegou a contagiar o mundo inteiro com o desejo de morrer, e confessa na velhice que desde a sua publicação somente o releu uma única vez, evitando fazê-lo novamente. "São foguetórios", disse ele, "tenho uma sensação estranha, e tenho medo de recair no estado patológico que o fez nascer." O homem maduro teoricamente insiste que a arte ofereça o que é sadio e afirmativo diante da vida, e critica o que chama de "poesia de hospital" [*Lazarettpoesie*] contemporânea, um abuso da arte ao qual contrapõe a arte de Tirteu,[22] aquela poesia que não entoa apenas cantos de guerra, mas também arma o homem com a coragem para vencer as batalhas da vida. Mas terá ele próprio agido sempre segundo esse princípio? Não no *Werther* – e, para um poeta da harmonia e

---

[21] "Fui eleito para ficar e tu, para partir;/ Foste antes e *não perdeste muito.*" Goethe, "Trilogie der Leidenschaft – An Werther" ("Trilogia da paixão – a Werther").

[22] Os cânticos de guerra do poeta Tirteu, que viveu provavelmente em meados do século VII a.C. em Esparta, conclamavam a coragem e o amor à pátria.

coragem de Tirteu diante da vida, é estranho que escolha por tema um colega histórico,[23] que ele conduz ao hospício e ao mosteiro e veste com o que há de mais pessoal. No rigor da virtude moral, a condição burguesa vital [*Lebensbürgerlichkeit*] exigiria uma afirmação incondicional da ética, pois razão e ética são os pilares da vida. Goethe, no entanto, defende – de maneira bem pouco burguesa – a paixão, aquilo que as pessoas chamam de "exagero e personalidade doentia", e insiste em que o exagero e a doença também são estados da natureza e que "aquilo que se chama de doença" somente pode existir no equilíbrio de forças contrárias. E ele argumenta contra o seu fâmulo[24] quando este afirma que não se pode tirar dos escritos de Byron nenhum proveito decisivo para a pura formação do homem. Sua moral seria problemática demais. "Por que não?", responde Goethe. "A ousadia de Byron, sua audácia e grandeza, tudo isso não contribui para a formação? Precisamos evitar querer buscar a formação apenas no âmbito daquilo que é decididamente puro e ético. Tudo o que é grande forma o espírito tão logo travamos contato com ele!" [*Alles Große bildet, sobald wir es gewahr werden!*] Isso é o que eu chamo de uma afirmação supraburguesa [*überbürgerlich*], e a expressão mais "supraburguesa" que já saiu de sua boca talvez tenha sido: "Os franceses são pedantes, quer dizer, eles não conseguem sair da forma." Ouça-se isso com atenção! No estranho desprezo à forma, que se lê no emprego da palavra "pedante", reside a afirmação do caótico, a simpatia para com a morte, que justamente os franceses tantas vezes criticaram nos alemães.

---

[23] Alusão ao drama *Torquato Tasso*.
[24] Alusão a Eckermann.

George Clemenceau,[25] cuja inimizade política contra os alemães alcançava a dimensão intelectual e que possuía toda a sofisticação psicológica de sua raça, disse: "Os alemães amam a morte. Vejam a sua literatura: no fundo, é só a ela que amam." A declaração de Goethe que eu cito foi uma afirmação muito alemã e, ao mesmo tempo, supraburguesa.

Apesar de tudo, parece que um artista, um criador, como foi Goethe, não tem como não afirmar a vida e lhe ser fiel. Seu amor à vida se expressa principalmente no fato de que, a despeito de toda a negação da política e de todo o conservadorismo ligado a isso, não se pode encontrar nele sequer o menor traço reacionário. A multiplicidade, o infinito diletantismo de sua personalidade facilitaram às mais diferentes mentes evocá-lo, usá-lo; mas precisamente isto não é possível – evocá-lo no interesse de qualquer tipo de posição intelectual reacionária. Ele não foi nenhum conde Metternich,[26] que, motivado por um medo vil do futuro, violenta a vida. Goethe amava a ordem, mas colocava-a expressamente a seu serviço e desprezava a estupidez e as trevas. "A malta", disse no romance *Wilhelm Meister*, "não teme nada além do entendimento. Deveria temer a estupidez, se compreendesse o que de fato é terrível. Mas o entendimento é incômodo e é preciso deixá-lo de lado; ao passo que a estupidez é apenas degradável, e por isso tolerável." Não se sabe – ou então é confortável esquecer – que, no ano de 1794, quando o príncipe de Gagern conclamou a

---

[25] Estadista, jornalista e médico francês (1840-1929), integrante da Assembleia Nacional Francesa em 1871, e, que se manifestou contra o tratado de paz com o recém-unificado Império Alemão.

[26] No original, Mann faz um trocadilho, chamando o conde de Metternich de "*Fürst von Mitternacht*" (conde da Meia-Noite).

intelligentsia alemã e principalmente Goethe a pôr suas penas a serviço da "boa" causa, ou seja, a causa conservadora (na verdade uma nova aliança de príncipes alemães para salvar o país da anarquia), Goethe, alcunhado de "servo dos príncipes", depois de agradecer educadamente a confiança nele depositada, declarou considerar impossível querer reunir príncipes e escritores em uma ação conjunta. A qualquer momento ele se posicionava contra os reacionários na arte e contra o obscurecimento das mentes, inclusive rechaçando uma moda nas artes plásticas inspirada em tudo que era antigo. Era um defensor da liberdade e do vigor na arte, admirava Molière porque este fustigava os homens ao retratá-los em sua verdade, e preferiria excluir as moças do teatro a fim de usar o palco como possibilidade de revelar a vida sem meias palavras, algo que só poderia ser entendido por homens e mulheres que conhecem as coisas humanas.

O fato de Goethe ter conseguido falar à nação, ter sido um escritor nacional apesar de todas as hostilidades às quais estava exposto e cuja vileza hoje dificilmente podemos imaginar, mais tarde naturalmente formou a base de sua autoestima, uma autoestima que não é inata a nenhuma alma humana, mas a qual um poeta encontra com o tempo, assim como o seu destino. O menino burguês de outrora, que ficava sentado à sua escrivaninha com seus utensílios de desenho e suas penas no sótão da casa no Hirschgraben de Frankfurt, como septuagenário fez a comovente confissão de que "à custa de esforço aprendera a grandeza", a grandeza de buscar o suficiente para ser eficaz em amplos círculos nacionais ou em várias épocas. E ele aprendeu mais. O movimento rumo à vastidão do mundo, explicável em um autor cuja trajetória literária começou com um sucesso tão amplo como foi o *Werther*, afirma-se nele cada vez mais com a idade, ou seja, a certeza de que a poesia é um patrimônio da humanidade e que – principalmente para nós, alemães – importa sair do círculo estreito de nosso próprio entorno para não cair numa arrogância pedante, tanto na esfera individual como na dimensão nacional. "Em vez de se restringir a si mesmo", ensina Goethe, "o alemão deve absorver o mundo a fim de poder agir sobre ele..." "É por isso que eu gosto de passear o olhar pelas nações estrangeiras, e aconselho todos a fazerem o mesmo", acrescenta. "Literatura nacional já não quer dizer muita coisa: é chegada a hora da literatura mundial [*Weltliteratur*], e cada qual precisa contribuir para acelerar o advento dessa época." Ele cria essa expressão, *Weltliteratur*, e a coloca no tempo meio como fato, meio como reivindicação. *Weltliteratur*, para ele, naturalmente não é a mera soma e totalidade das atividades culturais humanas consolidadas por escrito, é antes aquela seleção mais nobre, aquela flor da escrita, à qual a sua própria obra já pertencia havia muito tempo e que, não importa onde tenha brotado, é percebida e reconhecida como patrimônio da humanidade graças à sua importância, que se eleva rumo à universalidade e que inclui a constatação de que chegou o tempo em que só está na ordem do dia e pode ser levado em conta aquilo que é capaz de viver no mundo [*das Weltfähige*]. Com isso, teriam terminado os dias daquilo que só vale na esfera de sua própria origem. De fato, já há muito tempo tudo o que o próprio Goethe publicava era percebido pela crítica importante como *Weltliteratur*, não apenas a parte de sua obra de influência mediterrânea e cunhada e formada por um espírito humanista e clássico, mas também o que nela havia de exemplarmente nórdico e alemão, como a primeira parte do *Fausto* e o romance de formação *Wilhelm Meister*. O ancião teve a satisfação de receber do escocês Thomas Carlyle a tradução inglesa desse livro junto com uma carta cheia de amor quase infantil e submisso. Ele folheia uma edição francesa do seu poema dramático sobre o *Fausto* ornada com ilustrações de Eugène Delacroix. Lê resenhas solenes sobre o recém-publicado episódio de Helena, na segunda parte da tragédia do *Fausto*, em revistas de Edimburgo, Paris e Moscou; e é apropriado falar de satisfação, pois esse eco mundial de seu trabalho deve tê-lo indenizado por muito desprezo maldoso experimentado na pátria. "Nenhuma nação", diz ele, "tem um juízo sobre aquilo que é realizado ou escrito na pátria. O mesmo poderia ser dito de cada época." Esta frase de dois gumes foi resumida por um francês espirituoso na seguinte expressão: "O estrangeiro, aquela posteridade contemporânea."[27]

Sem dúvida, ao cunhar o conceito de *Weltliteratur*, Goethe antecipou muita coisa, e o desenvolvimento nas dez décadas desde a sua morte, o aperfeiçoamento das comunicações, a aceleração do intercâmbio que elas ensejaram, a crescente intimidade entre os países europeus e até do mundo, que a Grande Guerra mais estimulou do que freou: tudo isso foi necessário para efetivamente concretizar a época cuja hora, segundo Goethe, havia chegado. A tal ponto que, hoje, o perigo de se confundir coisas capazes de viver e vigorar no mundo [*weltfähig-weltgültig*] com coisas que apenas estão ocorrendo pelo mundo [*weltläufig*], como bem de consumo internacional de pouco valor, esse perigo é sempre presente e costuma ser

[27] A citação é de Nicolas de Chamfort (1741-94): "*L'étranger, cette postérité contemporaine.*"

usado com prazer pelos provincianos nacionais do espírito que gostam de desacreditar realizações amplamente reconhecidas. Ostensivamente, eles mencionam num mesmo fôlego a fama mundial mais genuína e mais banal, objetivando, assim, difamar aquilo que é supranacional junto com o "subnacional" ou "intranacional". Essa possibilidade ainda não existia nos tempos de Goethe, ou, se existia, era em escala muito menor. Não cabia atribuir as honrarias que ele recebia do exterior a uma banalidade antialemã de seu nível.

O que interessa aqui é o caráter burguês e supraburguês dessa tendência para o grandioso, o universal, um caráter que encontra sua expressão certeira em alguns nomes que Goethe dá a essa inclinação expansiva. Pois ele fala de um "livre-comércio dos conceitos e dos sentimentos", o que equivale a uma transposição característica de princípios econômicos liberais para a vida intelectual. Essa liberdade e essa expansão não se dão apenas na dimensão espacial, mas também na temporal; Goethe diz ter buscado explorar "amplos ciclos de tempo" como teatro de sua ação. Ele não é cidadão apenas de um século: tentamos indicar suas relações de parentesco e de pátria com séculos anteriores. Importa aqui afirmar sua presença e sua potencialidade futura [*Zukünftigkeit*], apontar a direção do seu ser e o que isso pode significar para nós e para outros além de nós. Creio que são simbólicos para esse rumo os encontros desse grande amigo da vida com Arthur Schopenhauer. Já idoso, Goethe, que vira Mozart menino, chega para uma reunião noturna, vai sem olhar para os lados em direção ao jovem filósofo, cuja tese de doutorado, *Da quádrupla raiz do princípio da razão suficiente*, acabara de ler e o felicita pela extraordinária façanha. Aperta a mão daquele que está preparando *O mundo como vontade e representação*, a obra exemplar do pessimismo europeu, altamente burguês, da segunda metade do século XIX, que influenciou de forma tão decisiva tanto Wagner como Nietzsche. Essa cena simboliza uma maravilhosa conjuntura da história da cultura. Goethe, Schopenhauer, Wagner, Nietzsche – ei-lo, o firmamento de estrelas da nossa juventude, a Alemanha e a Europa de uma vez, nossa origem, da qual temos orgulho, pois toda origem, toda consciência de origem no intelecto, é aristocrática. "O artista precisa ter uma origem, precisa saber de onde veio", disse Goethe certa vez. Ei-lo, o grande mundo-pátria, cujos discípulos nós somos, o mundo intelectual burguês, que enquanto mundo intelectual ao mesmo tempo é mais-do-que-burguês e que, por meio de Nietzsche, esse discípulo de Goethe, conduz a novos mundos futuros pós-burgueses, ainda sem nome. A dimensão burguesa possui uma certa transcendência espiritual em que ela mesma se anula e transforma. A afirmação de Goethe "De onde veio a melhor formação, senão do burguês..." [*"Wo käm die schönste Bildung her, und wenn sie nicht vom Bürger wär'..."*] conserva um sentido mais amplo do que a palavra "formação" [*Bildung*], hoje um pouco antiquada, parece poder abarcar. Eu perguntei e volto a perguntar: de onde vieram os grandes atos libertadores do espírito transformador, "senão do burguês"? A vontade e a vocação para o "desburguesamento" [*Entbürgerlichung*], para a perigosíssima aventura da ideia ousada, essa é a carta branca que o próprio intelecto deu ao homem burguês. Até mesmo aquele filho e neto de pastores protestantes, no qual o romantismo do século XIX se superou e com cuja morte de mártir na cruz do pensamento novidades indizíveis começaram a surgir, até mesmo aquele Friedrich Nietzsche – onde estavam fincadas suas raízes, senão no terreno da humanidade burguesa? E essa superação da condição de burguês graças ao espírito é o que encontramos no romance da velhice de Goethe, *Os anos de peregrinação de Wilhelm Meister*.

Esse livro, na verdade, trata da superação do humanismo individualista e de uma despedida visionária e audaz em favor de princípios e mentalidades pedagógicas que na verdade pertencem de fato aos nossos dias e somente hoje se apoderaram da consciência geral. Na obra, relampejam ideias que se distanciam bastante daquilo que se entende por humanismo burguês, do conceito clássico e burguês de cultura que o próprio Goethe ajudou a criar e cunhar. O ideal de universalidade humana e particular é deixado de lado, proclamando-se uma era da unilateralidade. Aí se lê aquela insuficiência do indivíduo que hoje em dia está em vigor: somente muitas pessoas podem perfazer o humano, o indivíduo torna-se função, o conceito de comunidade vem para primeiro plano; e o espírito jesuítico-militarista da Província Pedagógica,[28] por mais alegre e inspirado pelas musas que seja, praticamente não deixa sobrar nada do ideal individualista e "liberal", do ideal burguês.

Esse olhar sonhador e ousado do Goethe maduro para um novo mundo pós-burguês foi tão insólito, tão grandioso, quanto a crescente participação do ancião em questões utópicas e tecnológicas mundiais, o seu entusiasmo por projetos como o canal no istmo do Panamá, do qual fala com intensidade e minúcia, como se isso lhe fosse mais importante do

---

[28] A Província Pedagógica representa o modelo de convívio exemplar do ponto de vista pedagógico e um episódio de *Os anos de peregrinação de Wilhelm Meister*, o romance da maturidade de Goethe.

que toda a poesia – como de fato foi na fase final. A alegria esperançosa em relação a tudo o que era tecnológico e civilizatório, tudo que incentivava o comércio, não é de espantar em se tratando do poeta do último *Fausto*, que vivencia o seu instante máximo na realização de um sonho utilitarista, na drenagem de um pântano – um estranho afrontamento contra a tendência beletrística e filosófica da época. E assim o velho Goethe, admiravelmente incansável, conversava sobre as possibilidades de unir o golfo do México ao oceano Pacífico, sobre as consequências incalculáveis que tal feito traria para toda a humanidade, civilizada ou não. Ele aconselha os Estados Unidos a tomarem a frente dessa causa e delira, imaginando as florescentes capitais comerciais que haveriam de surgir uma após a outra em toda a costa do Pacífico, onde a natureza já preparou o terreno de forma tão feliz, com amplos portos. Ele mal podia esperar tudo isso, aquilo e o canal entre o Danúbio e o Reno, que obviamente seria um empreendimento acima das esperanças, e ainda uma terceira obra, ainda mais grandiosa: o canal de Suez, às mãos dos ingleses. "Para ainda ver tudo isso", exclamou, "eu pagaria a pena de suportar mais cinquenta anos na Terra."[29] Assim, ele fez seu olhar passear pela Terra inteira, sem deixá-lo preso ao seu próprio país. Sua alegria com o futuro era abrangente, precisava de todo o espaço do mundo, e a melhoria da qualidade da vida, o sentimento de felicidade ou a dor de um povo estrangeiro o tocavam como o destino de seu próprio povo. Era o imperialismo amoroso de

[29] Em conversa com Eckermann do dia 21 de fevereiro de 1827, Goethe mencionou esses três grandes projetos de obra civil, os canais do Panamá, de Suez e o que liga o Reno ao Danúbio: "Gostaria de vivenciar essas três coisas, e para isso valeria a pena aguentar ainda uns cinquenta anos."

um espírito elevado, muito acima da dimensão nacional, que conhecia a liberdade enquanto valor elevado e cujo anúncio da *Weltliteratur* se originou dessa mesma disposição.

Na utopia tecnológica e racional, a dimensão burguesa se transforma em dimensão de comunidade global, torna-se comunismo, se quisermos compreender a palavra de forma suficientemente geral e não dogmática. Esse entusiasmo é sóbrio. Mas o que hoje faz falta é justamente uma grande sobriedade, num mundo que se consome em estados d'alma sombrios e hostis à vida. Quem disse que se deveria proibir aos alemães por trinta anos pronunciar a palavra *Gemüt* [faculdade sensitiva]? O burguês está perdido, e perderá a passagem para o novo mundo que chega se não se obrigar a dizer adeus ao conforto mortal e às ideologias contrárias à vida que ainda o dominam, se não conseguir se professar, corajoso, em prol do futuro. O novo mundo, o mundo socializado, o mundo organizado da unidade e do planejamento, em que a humanidade estará libertada dos sofrimentos subumanos, desnecessários, que ferem o sentimento de honra da razão, esse mundo virá, e esse mundo será obra daquela grande sobriedade para a qual já hoje tendem todos os espíritos que não comungam com os estados d'alma decompostos, sombrios e pequeno-burgueses. Ela virá, pois uma ordem externa e racional adequada ao estágio atingido pelo espírito humano deve ser criada, no pior dos casos por uma subversão violenta, para que a alma volte a ter direito à vida e a uma boa consciência humana. Os grandes filhos da burguesia [*Bürgertum*], que nela nasceram e cresceram para o intelecto, o supraburguês, são testemunhos de que existem possibilidades ilimitadas na condição burguesa, possibilidades de autolibertação e de autossuperação. A nossa época conclama a burguesia a se lembrar dessas suas possibilidades inatas e se decidir por elas nos planos intelectual e moral. O direito ao poder depende da missão histórica cujo portador sentimos que somos, e podemos assim nos sentir. Quem a renegar ou não estiver à sua altura terá de desaparecer e abdicar em favor de um tipo humano livre das precondições, das relações e das amarras sentimentais que, como por vezes tememos, tornam a burguesia europeia incapaz de conduzir o Estado e a economia a um novo mundo. Não há dúvida: o crédito que ainda hoje a história da República burguesa concede, esse crédito de curto prazo, fundamenta-se na fé ainda existente de que a democracia *também pode* fazer o que seus inimigos sedentos de poder dizem ser capazes de fazer: assumir essa liderança rumo ao novo e ao futuro. A burguesia se revela merecedora de seus grandes filhos quando não se satisfaz com vangloriar-se solenemente deles. É o maior desses filhos, Goethe, quem a convoca:

Entzieht euch dem verstorbnen Zeug
Lebend'ges laßt uns lieben![30]

---

[30] "Deixem as coisas mortas/ Amemos o que é vivo!" Goethe, "Zahme Xenien", III.

Dostoiévski, com moderação

O CONVITE DA DIAL PRESS para escrever a introdução à edição das novelas de Dostoiévski – as seis histórias incluídas nesse volume[1] – logo me atraiu muito. Existe algo de tranquilizador na moderação editorial que caracteriza esta edição, algo de animador para o comentarista que recuaria – para não dizer "estremeceria" – diante da ideia de transformar todo o monstruoso cosmo da obra dostoievskiana em objeto de reflexão e resenha; comentarista este que provavelmente, durante esta vida, não teria mais ocasião de oferecer seu tributo crítico ao grande russo, não fosse esta oportunidade de fazê-lo, por assim dizer, com a mão leve, num espaço demarcado, para um determinado objetivo e com aquela autolimitação que o objetivo lhe prescreve de modo benevolente.

É muito curioso que minha vida de escritor tenha produzido estudos exaustivos tanto sobre Tolstói como sobre Goethe – vários sobre cada um deles. Mas nunca escrevi de forma consistente e exclusiva sobre duas outras experiências de formação intelectual, às quais não devo menos, que abalaram igualmente minha juventude e que não canso de renovar e de aprofundar mesmo nos anos mais maduros: nunca escrevi so-

[1] Eram elas *Um jogador, Memórias do subsolo, O eterno marido, O sósia, O amigo da família* e *Sonho do meu tio.*

bre Nietzsche nem sobre Dostoiévski. Fiquei devendo o ensaio sobre Nietzsche que alguns amigos muitas vezes me cobraram e que parecia estar no meu caminho. E só por alguns momentos, voltando a desaparecer rapidamente, emerge nos meus escritos "o profundo e criminoso rosto de santo de Dostoiévski" (como certa vez me expressei). Por que me esquivei, por que o evitei, por que silenciei – em contraste com a eloquência decerto insuficiente, porém alegre, que a grandeza daqueles dois outros mestres e astros despertou em mim? Bem que sei o porquê. Homenagens íntimas, entusiasmadas e entremeadas por ironia carinhosa eram fáceis para mim diante das imagens dos divinos e benditos, dos filhos da natureza em sua elevada inocência e saúde exuberante: a aristocracia autobiográfica do escultor de uma cultura majestosamente pessoal, Goethe, e a força épica de um urso, o imenso frescor natural do "grande escritor do país dos russos", Tolstói, com suas tentativas imensamente desajeitadas e jamais bem-sucedidas da espiritualização moral de sua corporalidade pagã. Meu receio, um receio profundo, místico, que obriga ao silêncio, começa diante da grandeza religiosa dos amaldiçoados, do gênio como doença e da doença como gênio, do tipo do atormentado e do possesso, no qual o santo e o criminoso se tornam *um só*...

Sinto que, sobre o demoníaco, deve-se "poetar" [*dichten*] e não apenas escrever. Convém que ele fale a partir das profundezas de uma obra, de preferência em disfarce humorístico; dedicar-lhe ensaios críticos me parece no mínimo uma indiscrição. Talvez, ou provavelmente, isto seja um eufemismo para minha preguiça e covardia. É incomparavelmente mais fácil e menos indigesto escrever sobre a saúde divino-pagã do que sobre a doença sagrada. Podemos nos *divertir* com a primeira, os filhos abençoados da natureza e sua ingenuidade, mas não com os filhos do espírito, os grandes amaldiçoados e pecadores, os doentes sagrados. Ser-me-ia impossível gracejar sobre Nietzsche e Dostoiévski, como o fiz, ocasionalmente, no romance sobre o felizardo e egoísta Goethe e no ensaio sobre a gigantesca trapalhada do moralismo de Tolstói.[2] Disso resulta que a minha atitude reverente diante dos íntimos do inferno, dos grandes religiosos e doentes seja muito mais profunda – e por isso mesmo mais silenciosa – do que aquela que tenho diante dos filhos da luz. É bom que essa reverência, agora, seja chamada a conversar – uma conversa limitada (do ponto de vista prático) e domada, no entanto.

"Do pálido delinquente": não posso ler este título, de um capítulo de *Assim falou Zaratustra*, uma obra de gênio notoriamente sob o signo de uma inspiração doentia, sem que me apareça a fisionomia sofredora e sinistra de Fiódor Dostoiévski, conforme a conhecemos através de uma série de bons retratos. Mais ainda: suspeito que o ébrio doente de enxaqueca de Sils Maria a tivesse em mente. Pois a obra de Dostoiévski tinha um papel extraordinário em sua vida; ele frequentemente a mencionava, nas cartas e nos seus livros (ao passo que, até onde sei, não recordou Tolstói com uma palavra sequer); ele o considerou o psicólogo mais profundo da literatura mundial e, com uma espécie de entusiasmo humilde, seu "grande professor" – embora, na verdade, não se possa realmente falar de uma condição de discípulo na sua relação com aquele seu irmão de espírito da Europa Oriental. Pois é isto o que eles eram: irmãos

[2] Thomas Mann refere-se ao romance *Lotte em Weimar* e ao ensaio "Goethe e Tolstói".

de espírito e companheiros de destino que superaram toda a mediocridade rumo à dimensão do trágico e grotesco, apesar das diferenças fundamentais de origem e tradição: o professor alemão, cujo gênio luciferino se desenvolveu (estimulado pela doença) a partir da formação clássica, da erudição filológica, da filosofia idealista e do romantismo musical, e o cristão bizantino, que desde o início carecia daquelas inibições humanistas que marcaram Nietzsche, e que ocasionalmente pôde ser percebido por este como o "grande mestre", simplesmente porque não era *alemão* (pois libertar-se do seu próprio germanismo era o anseio máximo de Nietzsche), porque agia como libertador do moralismo burguês e porque confirmava a disposição ao confronto psicológico, ao crime do conhecimento.

Parece impossível falar do gênio de Dostoiévski sem que a palavra "criminoso" se insinue. O importante crítico Dmitri Merejkovski a utiliza de quando em vez em seus vários estudos sobre o autor dos *Irmãos Karamázov*, e em sentido duplo: referindo-se ora ao próprio Dostoiévski e à "delinquente curiosidade do conhecimento", ora ao objeto deste conhecimento, o coração humano, cujas veleidades mais ocultas e *mais criminosas* ele punha a nu. "Ao lermos Dostoiévski", dizia aquele crítico, "assustamo-nos às vezes com a sua onisciência, a sua penetração na consciência moral alheia. Nele, deparamos nossos próprios pensamentos ocultos, que não confessaríamos nem a um amigo, nem a nós mesmos." No entanto, só aparentemente trata-se de uma pesquisa e adivinhação objetiva e ao mesmo tempo médica, por assim dizer – na verdade, trata-se mais de um *lirismo* psicológico no mais vasto sentido da palavra, de confissão e de uma arrepiante revelação, a descoberta impiedosa das próprias profundezas criminosas da consciência. Daí o terrível impacto moral, o horror religioso do estudo anímico de Dostoiévski. Basta compará-lo a Proust e às *nouveautés* psicológicas, surpresas e bijuterias que abundam na obra deste para se dar conta da diferença no acento, na entonação moral. Os achados, as novidades e preciosidades psicológicas do francês não passam de um divertimento quando comparados às revelações cadavéricas de Dostoiévski, um homem que esteve no inferno. Poderia Proust ter escrito *Crime e castigo*, o maior romance policial de todos os tempos? Não lhe faltava o conhecimento para tal, mas a consciência... Quanto a Goethe, que também foi um psicólogo de primeira linha, do *Werther* às *Afinidades eletivas*, ele declara franca e simplesmente nunca ter ouvido falar de um crime que ele não se sentisse capaz de cometer. É uma declaração de quem foi discípulo do exame de consciência à maneira pietista; mas o elemento da inocência grega prevalece ali. É um dito sereno, um desafio à virtude burguesa, certamente, mas antes frio e orgulhoso do que contrito ao modo cristão, mais audaz do que profundo no sentido religioso. Tolstói era essencialmente da sua estirpe, apesar de todas as veleidades cristãs. "Não tenho nada a ocultar dos homens", costumava dizer. "Que todos saibam o que eu faço!" Comparem-se agora as confissões do herói das *Memórias do subsolo*, em que Dostoiévski fala de suas secretas devassidões. "Já naquela época", diz ele, "eu carregava dentro de mim o amor ao sigiloso. Tinha horror a que pudessem me ver, encontrar, reconhecer." Em sua vida, que não suportava a máxima franqueza, a máxima entrega aos olhos do mundo, reina o segredo do inferno.

Não há dúvida de que o subconsciente e mesmo a consciência desse gigantesco criador sempre estiveram carregados de um pesado sentimento de culpa, o sentimento da delinquência – e que esse sentimento não foi de modo nenhum apenas do tipo hipocondríaco. Tinha a ver com sua doença, que era a doença "sagrada", sobretudo a doença mística – a epilepsia. Sofria dela desde jovem, mas a doença se agravou de forma fatal quando do processo por conspiração política movido arbitrariamente contra ele em 1849, aos vinte e oito anos, e diante do choque da sentença de morte (já estava no cadafalso e via a morte de frente quando, no último instante, recebeu indulto e foi mandado para quatro anos de trabalhos forçados na Sibéria) – experiências que, em sua opinião, só podiam terminar com a exaustão de suas forças espirituais e físicas, com a morte ou a loucura. As crises ocorriam em média uma vez por mês, mas também com mais frequência, chegando a duas vezes por semana. Ele as descreveu muitas vezes, em relatos diretos ou transferindo a moléstia para figuras psicologicamente privilegiadas de seus romances, o terrível Smerdiakov (um dos irmãos Karamázov), o príncipe Míchkin, herói de *O idiota*, o niilista e extático Kirilov de *Os demônios*. Segundo a sua narrativa, a "doença das quedas" tem duas características: o sentimento incomparável de êxtase, a iluminação interior, a harmonia, o gozo extremo que por alguns instantes prenuncia o grito desarticulado, já não mais humano, e a convulsão – e o estado de terrível depressão e tristeza profunda, a devastação do espírito e o abandono que se seguem. Esta reação me parece ainda mais definidora da natureza da doença do que o êxtase que introduz o ataque. Esse êxtase é descrito por Dostoiévski como sendo de tal modo intenso e doce que "pela bênção daqueles poucos segundos poderíamos sacrificar anos da vida ou mesmo a vida inteira". Mas a ressaca extrema que se segue, segundo o relato do grande doente, fazia com que ele se "sentisse como um criminoso", parecendo-lhe que carregava uma *culpa* desconhecida, um grave e abominável ato.

Não sei o que os médicos de doenças nervosas pensam sobre a "doença sagrada", mas em minha opinião ela indubitavelmente tem suas raízes no campo sexual e é uma forma selvagem e explosiva de sua dinâmica, um ato sexual deslocado e transfigurado, uma devassidão mística. Repito que o estado seguinte de arrependimento e miséria, o estranho sentimento de culpa, parece a mim uma evidência maior do que os segundos anteriores de gozo pelos quais "poderíamos sacrificar nossa vida". Por mais que a doença ameaçasse a lucidez de Dostoiévski, o fato é que seu gênio está tão intimamente associado a ela e é tão tingido por ela que sua iniciação psicológica, seu conhecimento do crime e daquilo que o *Apocalipse* chama de "profundezas satânicas" – principalmente sua capacidade de insinuar uma *culpa* misteriosa e fazer da doença o pano de fundo da existência de suas criaturas em parte terríveis – estão inseparavelmente ligados a ela. Assim, no passado de Svidrigailov (em *Crime e castigo*) "existe uma questão criminosa com um gostinho de crueza animal e, por assim dizer, fantástica, pela qual certamente ele teria sido enviado para a Sibéria". Cabe à imaginação – mais ou menos cúmplice – do leitor adivinhar de que se trata: aparentemente, um crime na área da volúpia, provavelmente uma violação de um menor de idade – pois este também é o segredo ou uma parte do segredo na vida daquele gélido senhor [*Herrenmensch*] Stavrogin de *Os demônios*, cheio de desprezo pelos outros, idolatrado na poeira por naturezas mais frágeis, talvez a figura mais tenebrosamente sedutora da literatura universal. Há um trecho postumamente editado do romance, a "confissão de Stavrogin", em que este, entre outras coisas, fala do estupro de uma menina. Segundo Merejkovski, é um fragmento tremendo, repleto de um realismo terrível, que ultrapassa os limites da arte. Ao que tudo indica, essa transgressão vil ocupou constantemente a fantasia moral do escritor. Dizem que um dia ele teria confessado um pecado pessoal desse tipo ao seu famoso colega Turguêniev, a quem odiava e desprezava por conta de suas simpatias pela Europa Ocidental – certamente uma confissão inventada, com a qual ele só quis assustar e confundir Turguêniev, que era claramente humano e nada satânico. Certa vez, em Petersburgo, quando tinha por volta de quarenta anos e já era o festejado autor de um livro[3] que teria feito o próprio czar chorar, rodeado de uma família na qual havia crianças e jovens moças, ele contou sobre um plano literário de sua juventude, um romance em que um senhor feudal, um homem remediado, honorável e agradável, subitamente se lembra de que, vinte anos antes, após uma noite de bebidas e atiçado por amigos ébrios, teria violentado uma menina de dez anos.

"Fiódor Mikhailovich!", exclamou a mãe, juntando as mãos por cima da cabeça. "Tenha piedade! As crianças estão escutando!"

Deve ter sido mesmo um sujeito estranho, esse Fiódor Mikhailovich.

Nietzsche não tinha a doença das quedas, embora não seja difícil imaginar como epiléptico o autor do *Zaratustra* e do *Anticristo*. Ele compartilhou do destino de muitos artistas, em especial um número notável de músicos (ele próprio podia

[3] Trata-se de *Recordações da casa dos mortos*.

ser considerado um deles): uma paralisia progressiva, moléstia clara e inequivocamente de origem sexual, uma vez que a ciência há muito tempo já viu nela o resultado de uma infecção venérea. Visto pelo ângulo médico-naturalista, uma perspectiva evidentemente muito restrita, a evolução de Nietzsche não é outra coisa senão a história de uma desinibição e degeneração paralíticas – um movimento de ser levado além de uma normalidade altamente talentosa rumo às esferas gélidas e grotescas de um conhecimento mortal e de uma solidão moral, um grau terrível e criminoso de conhecimento para o qual esse homem delicado e bondoso, dependente de todo tipo de cuidados, não tinha sido nascido, mas para o qual, assim como Hamlet, fora convocado.

"Criminoso" – repito a palavra, a fim de caracterizar o parentesco psicológico dos casos Nietzsche e Dostoiévski. Não foi por acaso que o primeiro se sentiu tão poderosamente atraído pelo segundo, a quem chamou seu "grande mestre". O excesso, a erupção ébria do conhecimento, aliados a um moralismo religioso, quer dizer, satânico, que em Nietzsche se chamou de antimoralismo, são comuns aos dois. Nietzsche não deve ter conhecido o sentimento de culpa místico do epiléptico, do qual falamos. Um de seus aforismos – que nesse momento não consigo localizar, mas do qual me lembro com certeza – revela que o seu sentimento pessoal de vida o familiarizou com o do criminoso. Ali ele diz que toda segregação e alienação do que é aceito no mundo burguês, toda independência intelectual e falta de respeito são afins à forma de existência do criminoso, permitindo o acesso a ela por meio da empatia. Acho que podemos ir ainda mais longe e dizer que, de modo geral, toda originalidade criadora, toda condição de artista de forma mais ampla o faz. Foi o pintor e escultor francês Degas quem afirmou que um artista deve se aproximar de sua obra como um criminoso executa o seu ato.

"São as situações de exceção que condicionam o artista", disse o próprio Nietzsche, "todas as situações que são profundamente aparentadas e entretecidas com sintomas doentios, fazendo parecer impossível ser artista sem ser doente." – O pensador alemão provavelmente não conhecia o caráter de sua doença, mas sabia muito bem o que devia a ela, e seus escritos, tanto as cartas como as obras, estão cheios de elogios heroicos ao valor da doença para o conhecimento. É característico da paralisia sifilítica que, provavelmente pela hiperemia das partes do cérebro afetadas, traga consigo ondas de um sentimento ébrio de felicidade e energia, um aumento das energias vitais e uma potencialização real – ainda que, em termos médicos, patológica – do desempenho produtivo. Antes de afundar a sua vítima na treva espiritual e matá-la, a doença a presenteia com experiências traiçoeiras – no sentido da saúde e da normalidade – de poder, de leveza soberana da iluminação e de bem-aventurada inspiração que o preenchem com arrepios de veneração de si próprio, com a convicção de que aquilo não acontecia há milênios, com a percepção de si mesmo como veículo divino, receptáculo da graça, quase um deus. Conhecemos descrições desses estados de assolamento eufórico e de dominação pela inspiração nas cartas de Hugo Wolf, que costumava logo em seguida experimentar períodos de vazio intelectual e de impotência artística. O relato mais fantástico da iluminação sifilítica, um peça estilisticamente brilhante, pode ser encontrado no *Ecce homo* de Nietzsche, no terceiro parágrafo do capítulo sobre Zaratustra. "Alguém no fim do século XIX tem alguma ideia daquilo que poetas de épocas *fortes* designavam por inspiração? Caso contrário, descrevê-lo-ei." Vê-se que ele percebe a sua experiência como algo atávico, demoníaco-retroativo, pertencente a outros estágios da humanidade, mais "fortes" e próximos de Deus, e que não se enquadra nas possibilidades psíquicas da nossa época fraca e racional. O que ele descreve, "em verdade", é um estado irritadiço e pernicioso que precede o colapso sifilítico feito escárnio – mas onde está a verdade, na experiência ou na medicina?

Provavelmente o conceito nietzschiano de "eterno retorno", ao qual atribui um peso tão tremendo, é produto da euforia, intelectualmente pouco controlado e nem mesmo de sua lavra, antes uma reminiscência. Merejkovski fez notar que a ideia de um "super-homem" já aparecia em Dostoiévski, mais especificamente nas falas do já mencionado epiléptico Kirilov em *Os demônios*. "Então surgirá um novo homem", diz o visionário niilista de Dostoiévski, "e tudo se renovará. A História se partirá em dois capítulos: do símio até a destruição de Deus, da destruição de Deus até a transformação física da Terra e do homem" – ou seja, até a aparição do homem-deus, do super-homem. Mas me parece ter passado despercebido que também a ideia do eterno retorno pode ser encontrada em Dostoiévski, nos *Irmãos Karamázov*, na conversa de Ivan com o diabo. "Sim, sempre pensas na nossa Terra atual", diz o diabo. "Mas a nossa Terra atual se *repetiu* talvez *trilhões de vezes,* bem, agora se tornou velha, gelou, partiu-se em dois pedaços, dissolveu-se em seus elementos, a água voltou a aparecer por cima do sólido, novamente o cometa, novamente o Sol, novamente do Sol à Terra – essa evolução se repete infinitamente, *e tudo da mesma maneira, até o menor aspecto*... que tédio mais obsceno!"

Pela boca do diabo, Dostoiévski qualifica de "tédio mais obsceno" aquilo que Nietzsche bendiz com afirmação dionisíaca e pronunciando ainda o seu "eu te amo, ó eternidade!". Mas a ideia é a mesma, e enquanto no caso do super-homem eu acredito numa coincidência de fraternidade de espírito, estou inclinado a considerar o "eterno retorno" um fruto das leituras, uma lembrança inconsciente de Dostoiévski tingida de euforia.

Isso, aliás, pode ser um equívoco cronológico da minha parte, deixarei o caso para que os historiadores da literatura o examinem. O que importa para mim é, em primeiro lugar, um certo paralelo no pensamento dos dois grandes enfermos e, além disso, o fenômeno da doença como grandeza ou o fenômeno da grandeza como doença – conforme o ponto de vista do qual se enxerga a enfermidade: como redução ou como expansão da vida. Diante da doença como grandeza ou da grandeza como doença, o mero ponto de vista médico revela-se mesquinho e insuficiente – ou, no mínimo, unilateral-naturalista: a coisa tem o seu lado intelectual e cultural, que tem a ver com a própria vida e sua expansão, seu crescimento, com que o mero biólogo e médico conseguem lidar apenas insuficientemente. Expliquemos. Um humanismo amadurece ou se recompõe a partir do esquecimento, um humanismo que arranca o conceito da vida e de sua saúde das mãos da biologia, a qual acredita ter um direito exclusivo sobre isto, arrogando-se o direito de administrá-lo de modo mais livre, mais pio e, sobretudo, mais verdadeiro. Pois o homem não é um ser meramente biológico.

Doença: antes de mais nada, tudo depende de *quem* está doente, de *quem* está louco, epiléptico, paralítico – uma pessoa medianamente tola, em cujo caso a doença prescinde do aspecto intelectual ou cultural, ou um Nietzsche, um Dostoiévski. Em ambos os casos, aquilo que resulta da doença é mais importante e estimulante para a vida e sua evolução do que qualquer normalidade aprovada do ponto de vista médico. A verdade é que a vida nunca prescindiu da doença, e dificilmente haverá uma afirmação mais idiota do que "a doença só pode gerar coisas doentias". A vida não é suave com as pessoas, e podemos dizer que ela prefere mil vezes a doença criativa, doença que doa genialidade, doença que enfrentará os obstáculos a cavalo, saltando de rocha em rocha com audaz embriaguez, à saúde que anda a pé. A vida não é delicada e está longe de querer fazer qualquer distinção moral entre saúde e doença. A vida toma o resultado ousado da doença, ingere-o, digere-o e, da maneira que ela o acolhe, aquilo significa saúde. Toda uma horda e geração de rapazes receptivos e saudáveis se lança sobre a obra do gênio doente, transformado em gênio pela doença, admirando, elogiando, elevando, prosseguindo, transformando, legando-a para a cultura que não vive apenas do pão ordinário da saúde. Todos se declararão fiéis ao nome do grande enfermo, todos eles que, graças à sua insanidade, não precisam mais ficar insanos. De sua insanidade eles haverão de se alimentar, saudáveis, e neles ele haverá de ser saudável.

Em outras palavras: certas conquistas da alma e do conhecimento não podem existir sem a doença, a loucura, o crime intelectual, e os grandes doentes são crucificados e vítimas sacrificadas em prol da humanidade e de sua evolução, em prol da ampliação de seu sentir e de seu saber – em suma, sacrificados em prol de sua saúde superior. Daí a aura religiosa que envolve tão nitidamente a vida dessas pessoas e também influencia tão profundamente a sua autoconsciência. Daí, no entanto, também os sentimentos por assim dizer antecipados de força e vitória e a vida tão imensamente elevada em todo o sofrimento que essas vítimas experimentam, sentimentos de triunfo que só no sentido médico banal podem ser chamados de traiçoeiros: uma união de doença e força em sua natureza, que zomba da associação corriqueira de doença e *fraqueza* e, pelo seu paradoxo, contribui para a coloração religiosa de sua existência. Obrigam a reaprender os conceitos de doença e *vida*; ensinam a ter cuidado em relação ao conceito de "doença", ao qual estamos mais do que dispostos a dar uma conotação biológica negativa. É disso que trata uma nota póstuma de Nietzsche sobre *A vontade de poder*: "Saúde e estado doentio", diz, "cuidado com isso! O parâmetro é a eflorescência do corpo, a energia para o salto, a coragem e a galhardia do intelecto – mas naturalmente também *o quanto de doença ele pode assumir e superar* – tornando-o saudável." (Os grifos são do próprio Nietzsche.) "Aquilo de que sucumbiriam pessoas mais delicadas faz parte dos meios estimulantes da *grande* saúde."

Foi assim que Nietzsche se sentiu, uma pessoa saudável em grande estilo, para quem a doença se torna um estímulo. Mas se, em seu caso, a relação entre doença e vigor se apresenta de forma a que o mais elevado sentimento de força e a sua prova produtiva apareçam como um produto da doença (como é da natureza da paralisia sifilítica), então no caso de Dostoiévski, o epiléptico, somos quase obrigados a ver na doença um produto do vigor que sobra, uma explosão e um excesso de enorme saúde, prova do fato de que a mais elevada vitalidade pode portar os traços de um pálido padecimento.

Nada melhor para confundir os conceitos biológicos do que a vida desse homem, um ser nervoso que se encontra constantemente em convulsão, "tão sensível como se lhe tivessem tirado a pele e o mero contato com o ar lhe causasse dores" (citação de *Memórias do subsolo*), e que chegou aos sessenta anos (1821 a 1881), tendo erguido nas quatro décadas devotadas à criação uma obra de vida colossal, de uma inovação e ousadia inauditas, de uma plenitude farfalhante de sentimentos e rostos – obra esta que, além do "criminoso" furor da confissão e do conhecimento, com o qual ampliou o que sabemos sobre o ser humano, encerra em si uma quantidade espantosa de travessura, comicidade fantástica e "alegria do espírito"'. Pois entre outras coisas esse crucificado era um grande humorista.

Mesmo que Dostoiévski não tivesse escrito nada além das seis novelas aqui apresentadas, seu nome sem dúvida mereceria um lugar marcante na história da arte narrativa mundial. No entanto, eles não formam nem a décima parte daquilo que ele efetivamente escreveu, e amigos que conheciam a história particular de suas criações nos asseguram que nem a décima parte de todos os romances que Fiódor Mikhailovich, por assim dizer, carregava prontos consigo, e dos quais falava exaustivamente e com entusiasmo, chegou a ser posta no papel. Ele dizia que simplesmente não teve tempo de processar aqueles inúmeros projetos. E ainda há gente que acredita na doença como expressão do empobrecimento da vida!

Os monumentos épicos que ele erigiu, *Crime e castigo, O idiota, Os demônios, Os irmãos Karamázov* (que, aliás, não são epopeias, e sim dramas colossais, compostos praticamente de forma cênica, em que um enredo que revira todas as profundezas da alma humana, muitas vezes comprimido em alguns poucos dias, é representado por meio de diálogos febris e hiper-realistas), ele não os criou apenas sob o flagelo da doença, mas também sob os golpes do endividamento e de problemas financeiros humilhantes que o obrigavam a trabalhar com uma rapidez pouco natural. Certa vez, para cumprir um determinado prazo, ele escreveu cinquenta e seis páginas em apenas dois dias e duas noites. Procurava livrar-se de sua pobreza nas mesas de roleta no estrangeiro, para onde fugia dos seus credores, em Baden-Baden e em Wiesbaden, e terminou assim por se arruinar até o fim. Então, escrevia cartas pedindo esmola, empregando a linguagem de uma de suas criaturas mais miseráveis, Marmeladov. A paixão pelos jogos de azar foi sua segunda doença, talvez ligada à primeira; e é a ela que devemos a maravilhosa novela *Um jogador*, cujo protagonista vai para a estação de banhos alemã de Roulettenburg, nome improvável e de mau gosto, onde, com uma verdade inaudita, revela a psicologia da paixão além do acaso do demônio.

Essa obra-prima surgiu em 1867, ou seja, entre *Crime e castigo* (1866) e *O idiota* (1868-69), e, em toda a sua grandeza, é uma mera recreação. É a mais tardia das obras aqui apresentadas, pois as restantes foram produzidas entre 1846 e 1864. A mais antiga é *O sósia*, peça patológica e grotesca surgida no mesmo ano do primeiro grande relato de Dostoiévski, *Gente pobre* (1846), e que, após a grande impressão que esta obra causou na Rússia, gerou uma decepção – não sem razão, pois, apesar dos detalhes geniais da história, foi provavelmente um engano do jovem autor acreditar que teria superado Gogol (o qual, aliás, influenciou fortemente *O sósia*). E de forma alguma conseguiu superar o *William Wilson*, de Edgar Allan Poe, que trata do mesmo tema arquirromântico de uma maneira moralmente mais profunda, dissolvendo a dimensão clínica numa forma mais poética.

Seja como for, que "recreações" ou que preparativos para feitos futuros são esses que a nossa edição abarca! Ainda antes do processo de Dostoiévski e do seu envio para Omsk, na Sibéria, aparece a novela *O eterno marido*, publicada em 1848,[4] com a figura constrangedoramente bizarra do corno nato, cujo padecimento malsão alimenta os efeitos mais fantasmagóricos. Segue o intervalo do trabalho forçado, a terrível experiência da *katorga*,[5] que posteriormente seria relatada no livro *Recordações da casa dos mortos* (1861), levando às lágrimas a Rússia inteira e até mesmo o czar. Mas a verdadeira retomada da atividade literária de Dostoiévski acontece em 1859 com o livro *A aldeia de Stiepantchikov e seus habitantes*, escrito ainda na Sibéria, muito famoso pela figura incomparável do tirânico farsante Foma Opinskin, uma criatura cômica de primeira grandeza, irresistível, equiparável a Shakespeare e Molière. Devemos dizer que, depois da obra brilhante, *Sonho do meu tio*, que veio logo a seguir, significou um retrocesso. É, se me permitem julgar, uma peça satírica demasiadamente ampla para o seu conteúdo, cujo final trágico, a história do jovem professor tuberculoso, é de um sentimentalismo difícil de ser suportado, sentimentalismo esse que penetrou na obra de Dostoiévski por influência de Charles Dickens. Em compensação, em *Sonho do meu tio* temos a figura da bela Sinaida Afanasieva, aquele tipo de jovem russa orgulhosa a quem pertence o amor declarado e muito sugestivo de um autor cuja simpatia cristã normalmente está muito mais voltada para a miséria humana, o pecado, o

---

[4] Na verdade, *O eterno marido* foi publicado em 1870 e pertence, portanto, à obra tardia de Dostoiévski.

[5] A palavra russa *katorga* (do grego *katergon*, galera) significa "trabalho forçado no exílio".

vício, os abismos da luxúria e o crime do que para a nobreza do corpo e da alma.

A respeito dessa simpatia e experiência terrível, a peça principal da nossa coleção, *Memórias do subsolo*, escrita em 1864, é um exemplo que incute terror e respeito. Pelo conteúdo, é a que mais se aproxima das grandes façanhas de Dostoiévski. Geralmente vê-se nela um ponto de virada na criação do escritor, um rompimento rumo a si próprio. Hoje, quando as conquistas sofridas e cheias de escárnio, as sinceridades radicais desse romance que deixou de lado, sem mercê, tudo aquilo que pensávamos ser o romance e a literatura há muito tempo já passou a integrar nossa cultura moral, é difícil imaginar a sensação sombria, o protesto da sensibilidade estética "idealista" e o apoio apaixonado também no sentido de um fanático amor à verdade que ele deve ter provocado quando foi publicado. Falei de falta de mercê: Dostoiévski – ou o herói na primeira pessoa do singular, ou o anti-herói dessas anotações – valeu-se dela, através da ficção, para não escrever para nenhum público, não escrever para ser impresso, não escrever para nenhum leitor, e sim exclusivamente para si próprio, bem secretamente. Seu raciocínio é o seguinte: "Há coisas nas memórias de qualquer pessoa que esta não revelará para todos, no máximo para seus amigos. Há coisas também que ela não revela nem aos amigos, no máximo para si mesma, e ainda assim sob o selo do segredo total. Finalmente, há ainda coisas que o homem tem vergonha de revelar a si mesmo, e cada indivíduo vai colecionando uma quantidade bastante grande dessas coisas. Sim, podemos até dizer que, quanto mais correta for uma pessoa, maior será o número dessas coisas. Eu, pelo menos, decidi há bem pouco tempo lembrar-me de algumas das minhas experiências mais antigas; até agora, desviei-me delas, até mesmo com certa inquietação..."

O conteúdo do "romance" consiste na redação indizivelmente comprometedora dessas "experiências mais antigas", e nele o repugnante se mistura de uma forma até então inaudita com o sedutor. O autor, ou aquele que ele transforma em autor, conduz assim um experimento. "Será que conseguiremos ao menos ser totalmente honestos em relação a nós mesmos e dizer toda a verdade sem vergonha?", é o que ele quer saber. Dostoiévski pensa em Heine, o qual teria dito ser, na prática, impossível existir uma autobiografia que de fato correspondesse à verdade – em geral, as pessoas afirmam inverdades acerca de si próprias, a exemplo de Rousseau, que por pura vaidade traiu a si mesmo. O autor concorda com isso, mas a diferença entre Rousseau e ele próprio, diz, é que aquele confessou diante do público, enquanto ele estaria escrevendo apenas para si mesmo, declarando de uma vez por todas que, quando escrevia daquela maneira, como se estivesse se dirigindo a leitores, fazia-o apenas para manter as aparências, porque assim a escrita se tornava mais fácil para ele. Era apenas uma mera forma vazia.

Isso, no entanto, não é verdade, pois Dostoiévski claramente escrevia para a opinião pública, escrevia para que seus livros fossem impressos e para que o maior número possível de pessoas os lesse, até porque precisava muito do dinheiro para o seu trabalho. A ficção artística e quase humorística da solidão total e da distância em relação à literatura é útil como justificativa para o cinismo radical da entrega psicológica. A ficção na ficção, por sua vez, aquele ato de aparentemente se voltar para o leitor, o constante falatório de determinados "cavalheiros" com que o falante discute, também é muito proveitoso, pois traz para o discurso um elemento do discursivo, do dialético e do dramático em que Dostoiévski sente-se totalmente em casa e que torna altamente divertidas mesmo as coisas mais sérias, más e repulsivas.

Confesso que prefiro a primeira parte das *Memórias do subsolo* à segunda, a história dramática e vergonhosa da prostituta Lisa. Admito que essa primeira parte não é ação e sim falatório, um falatório que em muitos trechos lembra a fofoca decadente de certos personagens religiosos nos grandes romances de Dostoiévski. Admito ainda que essa falação é problemática no sentido mais forte dessa palavra e corre o risco de confundir os temperamentos mais ingênuos, porque insiste na dúvida contra a fé e polemiza em selvagem apostasia contra a civilização e a democracia, contra os amigos da humanidade e da perfectibilidade que acreditam que o ser humano almeja a felicidade e a vantagem, quando na verdade ele também anseia por sofrimento, essa única fonte do conhecimento, e não deseja o palácio de cristal e o formigueiro da perfeição social, jamais abrindo mão da destruição e do caos. Tudo isso soa muito a maldade reacionária, e pode fazer temer a benevolência que tudo aposta na superação do abismo que se abriu entre aquilo que foi realizado socialmente e uma realidade social e econômica escandalosamente retrógrada. É preciso apostar tudo na superação – e no entanto aquelas heresias são a verdade, o lado sombrio e distante do sol, a verdade que ninguém que preze a verdade em si, toda a verdade, pode negligenciar, a verdade sobre o homem. Os paradoxos sofridos que o "herói" de Dostoiévski lança contra os seus adversários positivistas, no entanto, por mais anti-humanos que possam soar, são ditos em nome da Humanidade e por amor a ela, em favor de uma nova humanidade mais profunda e não retórica, que passou por todos os infernos do sofrimento e do conhecimento.

Assim como a presente edição de Dostoiévski está para a obra completa de Dostoiévski, assim como essa obra, por sua vez, representa em relação a tudo aquilo que ele poderia e queria ter criado, se os limites da vida humana não o tivessem impedido – assim também está tudo o que eu disse aqui sobre esse russo imponente em relação àquilo que deveria ser dito sobre ele. Dostoiévski com moderação, Dostoiévski com sábia restrição, este foi meu lema. Quando falei a um amigo sobre a minha intenção de redigir um prefácio para esse volume, ele disse, rindo:

"Cuidado! Você vai acabar escrevendo um livro sobre ele."

Eu tomei todo o cuidado.

Hermann Hesse – homenagem ao seu 70º aniversário

JÁ SE TERÃO MESMO passado dez anos desde que felicitei o nosso Hermann Hesse pelo seu sexagésimo aniversário? Ah, sim, é bem possível, pode até ser que mais tempo ainda tenha decorrido, tanta coisa aconteceu de lá para cá – aconteceu no mundo histórico, no ímpeto e no ruído dessas convulsões, e aconteceu também por obra de nossas mãos inabalavelmente operosas. Os acontecimentos externos, principalmente a inevitável degradação da pobre Alemanha, nós previmos tudo isso e o vivenciamos juntos – embora a uma grande distância espacial um do outro, que por vezes impediu qualquer intercâmbio, mas sempre juntos, sempre lembrando um do outro. Aliás, nossos caminhos correm nitidamente separados no território intelectual, a uma distância solene, mas correm de alguma forma semelhante, de certa maneira somos companheiros de caminho e irmãos, ou *confrères*, como eu deveria dizer com uma nuance menos insinuante, pois gosto de ver nossa relação refletida na imagem do encontro de seu personagem José Servo com o padre beneditino Jacobus, no *Jogo das contas de vidro*, em que as coisas não acontecem sem um "jogo de cortesia e de paciência de mesuras infinitas, como quando dois santos ou dois príncipes da igreja se saúdam"; um cerimonial meio irônico de sabor chinês que José Servo aprecia muito e que, segundo ele observou, o *magister ludi* Thomas das bandas do rio Trave[1] também dominava magistralmente bem.

Portanto, é mais do que correto que ocasionalmente nossos nomes sejam mencionados no mesmo fôlego, e, ainda que isso ocorra da forma mais curiosa, está bem para nós. Em recente carta enviada à América, um velho e reputado compositor de Munique, arquialemão e malévolo, designou a nós dois, a Hesse e a mim, como "miseráveis" que não querem compreender que nós, alemães, somos o maior e mais nobre dos povos, "um canário entre rolinhas". A imagem é estranhamente equivocada e estúpida, sem falar em sua total falta de cultura e na arrogância incorrigível ali expressa, que trouxe bastante miséria para esse povo infeliz. Bem, durante toda a vida esse homem falou muita tolice, portanto, deixemos isto de lado junto com todo o restante. Da mesma forma, também me rendo ao juízo dessa "alma alemã". Em casa, certamente eu não passava de uma cinzenta rolinha racional entre os vários canários cantores da região do Harz, e foi assim que, em 1933, eles ficaram contentes por se ver livres de mim, ainda que hoje se pretendam profundamente ofendidos pelo fato de eu não querer mais voltar. Mas Hesse? Quanta ignorância, quanta incultura, para usar uma expressão bem alemã, querer expulsar esse *rouxinol* (pois um canário burguês ele certamente não é) de seu bosque alemão; chamar de "miserável" detra-

[1] *Magister ludi*: na Roma Antiga, preceptor particular que ensina as letras; no caso do livro que rendeu a Hesse o prêmio Nobel de literatura de 1946, trata-se do mestre do Jogo de Avelórios, uma prática da sociedade utópica criada por Hesse em *O jogo das contas de vidro* e que combina arte, ciência e religião. Thomas das bandas do rio Trave: referência ao próprio Thomas Mann, natural de Lübeck, cidade cortada por esse rio.

tor da cultura alemã esse poeta lírico que Mörike[2] abraçaria, emocionado, que recortou, a partir de nossa língua, figuras de contorno suave e puro, forjou canções e versos de gosto artístico intimista – só porque ele divorcia a ideia da aparência que muitas vezes a rebaixa, porque diz a seu povo de origem a verdade que as experiências mais terríveis ainda não foram capazes de lhe dizer e porque tem consciência dos crimes que esse populismo colecionou em sua louca arrogância!

Se hoje, quando o individualismo nacional está à morte, quando nenhum problema mais pode ser solucionado a partir da perspectiva puramente nacional, quando qualquer traço de patriotismo se transformou em bafio provinciano e não há como levar em conta um espírito que não represente a tradição europeia como um todo – portanto, se hoje o genuinamente nacional, aquilo que é popularmente característico, ainda é um valor e pode subsistir como valor pitoresco –, o que importa, e sempre importou, não é opinar e gritar, e sim o ser, o fazer. Na Alemanha, aliás, os insatisfeitos com a cultura alemã foram sempre os mais alemães de todos. E quem não verá que a obra do escritor Hesse (deixo aqui de lado o poeta), que a universalidade afável de sua atividade editorial e publicística tem algo de muito especificamente alemão? O conceito de "literatura universal" [*Weltliteratur*] fundado por Goethe é, para ele, o mais natural, o mais familiar. Um de seus escritos, editado até na América, "published in the public interest by authority of the Alien Property Custodian 1945",[3] chama-se precisamente

[2] O poeta romântico Eduard Mörike (1804-75), também natural da região do Lago de Constança, como Hesse.

[3] Em inglês no original: "publicado no interesse público pelo Custodiante de Propriedade Estrangeira em 1945". Trata-se de uma agência governa-

Biblioteca da Literatura Universal e é um exemplo de uma cultura imensa e dedicada, de uma familiaridade principalmente com os templos da sabedoria oriental, de uma intimidade altamente humanista com os "testemunhos mais antigos e mais sagrados do espírito humano". Dignos de nota são os ensaios sobre São Francisco de Assis e Boccaccio, de 1904, e os três textos sobre Dostoiévski, que ele chamou de "visão do caos". Edições de histórias da Idade Média, de novelas e histórias farsescas de antigos escritores italianos, de fábulas orientais, "canções de poetas alemães", reedições de Jean-Paul, Novalis e outros escritores românticos alemães portam o seu nome. É um empenho em servir, homenagear, selecionar, revisar, reeditar e prefacear com conhecimento de causa que bastaria para preencher a vida de muito literato erudito. Nesse caso, é apenas um excesso de amor (e de energia para o trabalho!), um amor operoso para além da obra pessoal, extraordinariamente pessoal, que, em seus muitos planos, em sua concentração de problemas relativos ao Eu e ao mundo, iguala-se a poucas dentre as obras contemporâneas.

Também enquanto poeta, aliás, Hesse ama a postura de editor e de arquivista, o jogo de esconde-esconde atrás da máscara de alguém que "revela" os papéis de outras pessoas. Um exemplo são os *Escritos e poemas póstumos de Hermann Lauscher*,[4] por ele "publicados". Outro, semelhante, é a atitude de recuar e de se postar atrás do pseudônimo Sinclair no caso de *Demian, história de uma juventude* (1919). E outro bem grandioso é

---

mental criada durante a Primeira Guerra Mundial (e que voltou a atuar durante a Segunda Guerra) para tratar de propriedades de países inimigos dos Estados Unidos.

[4] *Lauscher*, em alemão, significa "aquele que escuta".

a sublime obra da maturidade, que bebeu em todas as fontes da cultura humana, ocidentais e orientais, o *O jogo das contas de vidro*, com seu subtítulo "Tentativa de descrição da vida do *magister ludi* José Servo junto com os escritos póstumos de Servo, editados por Hermann Hesse". Ao lê-lo, senti fortemente (e escrevi a Hesse para dizê-lo) o quanto o elemento de paródia, a ficção e a abordagem irônica de uma biografia que trabalha com conjecturas eruditas, o humor verbal, em suma, contribuem para manter essa obra madura, de uma espiritualização perigosamente refinada, no campo do factível, para conservar-lhe a manobra lúdica.

Alemão? Bem, se é isto o que importa, com certeza tanto esses escritos tardios como tudo o que foi criado antes por Hesse é alemão até as raias do impossível e até a renúncia a qualquer condição de agradar ao mundo – renúncia esta que, no fim das contas (e que o velho fale o que quiser), é anulada pela fama mundial: pela simples razão de que se trata aqui de um germanismo à moda antiga, feliz, livre e intelectual, ao qual o termo "alemão" deve seu melhor renome, a simpatia da humanidade. Essa obra casta e ousada, sonhadora e ao mesmo tempo altamente intelectualizada, é rica em tradição, apego, reminiscências, segredo – sem ser minimamente epigônica. Eleva o que é íntimo a um novo degrau intelectual, revolucionário mesmo – não num sentido diretamente político ou social, mas num sentido psicológico, poético. De um modo genuíno e leal, antecipa o futuro, percebe o futuro. Eu não saberia descrever de outra maneira a atração especial, ambígua e inequívoca que ela exerce sobre mim. Ela tem o timbre romântico, a excentricidade, o humor peculiar e hipocondríaco da alma alemã – ligado de forma orgânica e pessoal a elementos de natureza diferente, bem mais intelectualizada, elementos europeus e críticos, psicanalíticos. A relação desse poeta idílico da Suábia com a esfera da "psicologia do inconsciente" erotológica de Viena, como a que se manifesta, por exemplo, em *Narciso e Goldmund*, um romance único em sua pureza e particularidade, é um paradoxo intelectual dos mais atraentes. Não é menos insólita e característica do que a atração desse autor por Franz Kafka, o gênio judeu de Praga, a quem já cedo chamou de "rei secreto da prosa alemã" e por quem expressou sua admiração em toda oportunidade crítica, muito tempo antes de o nome de Kafka ter se tornado tão elegante em Paris e Nova York.

Mesmo sendo alemão: piegas ele não é. É inesquecível o efeito eletrizante desencadeado logo após a Primeira Guerra Mundial pelo *Demian* do misterioso Sinclair, uma obra que, com uma precisão assustadora, acertou em cheio o nervo da época, arrastando toda uma juventude para um encantamento agradecido – uma juventude certa de que o mensageiro da sua vida mais profunda surgira de seu meio (quando era um homem já de seus quarenta e dois anos a lhes dar o que necessitavam). E será preciso dizer que *O lobo da estepe* é um romance que em ousadia experimental não fica atrás do *Ulisses* de James Joyce ou dos *Moedeiros falsos* de André Gide?

Para mim, apesar de todo o seu individualismo às vezes estranho, do distanciamento ora humorístico-enfadado, ora místico-nostálgico do tempo e do mundo, essa obra de uma vida inteira enraizada numa dimensão regionalista, alemã e romântica pertence às tentativas e aos esforços intelectuais mais elevados e puros de nosso tempo. Dentre a geração literária que entrou em cena em minha época, desde cedo escolhi esse escritor que agora atinge idade bíblica como o mais próximo, o mais amado, tendo acompanhado o seu desenvolvimento com uma simpatia que retira o seu alimento tanto das diferenças quanto das semelhanças. Estas últimas às vezes me surpreenderam. Há coisas dele – por que não deveria dizê-lo? –, como o "Badegast"[5] e mesmo alguns trechos no *Jogo das contas de vidro*, principalmente a longa introdução, que eu leio e sinto "como se fossem um pedaço de mim".[6]

Amo também o homem e o ser humano, sua maneira alegre e ponderada, bondosa e travessa, a bela e profunda expressão dos olhos infelizmente doentes, de um azul que clareia o rosto magro e acentuado de um velho campônio suábio. Aproximei-me bastante dele pessoalmente apenas há quatorze anos, quando, ainda sob o primeiro choque da perda da pátria e do lar, frequentei bastante a sua bela casa com jardim na região de Ticino, na Suíça. Como o invejava então! Não apenas pelo seu aconchego na liberdade, mas principalmente por ele estar tão à frente de mim em termos de liberdade espiritual conquistada, pelo seu distanciamento filosófico de toda a política alemã. Naqueles dias confusos, não havia nada mais confortador, mais salutar, do que as conversas com ele.

A coroação de sua obra com o prêmio mundial sueco para literatura é algo que eu vinha solicitando há mais de uma década. Não teria sido prematura por ocasião de seus sessenta anos, e a escolha do suíço naturalizado teria sido um sinal curioso numa época em que (por causa de Ossietzky) Hitler

[5] Thomas Mann refere-se aqui provavelmente ao livro *Kurgast: Aufzeichnungen von einer Badener Kur* (*Anotações de um hóspede de um spa de Baden-Baden*), publicado em 1925.
[6] *"Als wär's ein Stück von mir"* é um verso do famoso poema "Ich hatt' einen Kameraden" ("Eu tinha um companheiro"), de Ludwig Uhland (1787-1862).

proibiu a todos os alemães, para todo o sempre, aceitar o prêmio. Mas agora também, no momento em que o septuagenário coroou ele mesmo sua obra já tão rica com algo elevado, o grande romance de educação,[7] a homenagem vem em tempo. Faz brilhar o nome de um poeta cuja obra abraça aquilo que já foi e que está aberta para o futuro, o nome de um espírito cuja bondade e liberdade têm muito a oferecer a este tempo que padece as dores da transição.

[7] Na história da literatura alemã, o "romance de educação" (*Erziehungsroman*) é geralmente considerado um gênero literário relacionado ao "romance de formação" (*Bildungsroman*). Este representa por sua vez uma vertente literária inaugurada por *Os anos de aprendizado de Wilhelm Meister*. Nesse romance, Goethe narra a história de um jovem que após uma sequência de percalços e decepções descobre a legitimação insatisfatória das ordens sociais e enfrenta os verdadeiros desafios de sua vida no desejo de se reconciliar com o mundo. Tais descobertas cumprem o objetivo postulado pela ideia da formação, da *Bildung*. O romance de formação alemão só pode ser entendido no contexto das profundas mudanças que ocorreram ao longo do século XVIII, como a ascensão do romance e do teatro, a emancipação da burguesia como público-leitor etc. O próprio Thomas Mann, a exemplo de outros escritores modernos, parodia a tradição do romance de formação, em seu *A montanha mágica*.

Bernard Shaw

LES DIEUX S'EN VONT. Os deuses se vão. Com George Bernard Shaw, foi-se desta época mais um da velha guarda europeia, o Nestor[1] dessa linhagem de elevada estatura, dotado de uma persistência vital, fôlego longo e produtividade continuada, deixando para trás aquilo que comparativamente poderia se chamar de precário e interessante, frágil, obscuro e prematuramente danificado. Gerhart Hauptmann, do qual G.B. Shaw mal tomou conhecimento, embora peças como *Os tecelões* ou *Os ratos* devam ter lhe agradado muito, e Richard Strauss, a quem conhecia bem e no qual admirava a grande tradição assim como a *efficiency* revolucionária, audaciosa e bem-aventurada, partiram antes dele. Entre nós permaneceu até há poucas semanas o octogenário André Gide, que não deixa de ser aparentado com Shaw no que diz respeito ao gênio caprichoso e ao moralismo protestante, e continua vivo também o idoso Knut Hamsun – agora apenas vegetando, um homem alquebrado pela política, mas criador de uma obra narrativa altamente diferenciada, que em riqueza e charme nada fica a dever ao Shaw dramaturgo. Shaw, a julgar pelos seus escritos, não se preocupou com esse parentesco, e é verdade que, sob vários aspectos,

[1] Nas epopeias homéricas, o argonauta Nestor tem o papel de sábio ancião que dá conselho aos jovens e bravos soldados.

ambos pertenciam a polos opostos, principalmente na questão do socialismo. O que os unia na esfera pessoal era um senso de obrigação em relação à Alemanha, bem fundamentado nos dois casos, mas que, para Hamsun, se tornou politicamente nocivo, ao passo que Shaw, mais inteligente, conservou o caráter de uma gratidão cultural bem-temperada, que aliás jamais reivindicou nenhuma intimidade mais extensiva.

Faz algum sentido permitir que, hoje, um alemão fale em homenagem a Shaw, pois foi a Alemanha – particularmente a sua província cultural austríaca, na pessoa de Siegfried Trebitsch,[2] que, movido por um instinto curiosamente seguro, apostou suas fichas na tradução daquelas peças para o alemão –, foi a Alemanha que reconheceu, mais cedo que os países de língua inglesa, a importância de Shaw para o palco moderno, assim como para a vida intelectual moderna *latu sensu*. De fato, sua fama chegou à Inglaterra via Alemanha, assim como as de Ibsen e Hamsun chegaram à Noruega via Alemanha e a de Strindberg, através do mesmo desvio, à Suécia, pois o Independent Theatre londrino não teria sido capaz de fazer por esta fama – a qual depois alcançou uma dimensão mundial – o mesmo que fizeram por ela homens como Otto Brahm e Max Reinhardt[3] e seus atores, com toda a crítica teatral berlinense – simplesmente porque na época o teatro alemão já era bem mais flexível, menos burguês e mais aberto a novidades do que o inglês, mais bem-preparado do que aquele para perceber no

---

[2] Siegfried Trebitsch (1869-1956), escritor austríaco que se tornou mais conhecido pela tradução das peças de Shaw.

[3] Otto Brahm (1856-1912), crítico de teatro da revista *Freie Bühne für modernes Leben* e diretor de vários teatros de Berlim. Max Reinhardt (1873-1943), diretor de teatro austríaco.

anglo-celta o novo porta-lança [*Speerschüttler*],[4] o grande intelectual dramático capaz de incomodar, o dramaturgo dialético e eloquente, jovial às raias da insolência e crítico que plasmou a nossa época.

Ele não negou sua dívida com a Alemanha e pagou-a num ensaio muito divertido, "O que devo à cultura alemã", no qual explica a que ponto sua própria cultura era alemã. Trata-se de um grande exagero, pelo menos no que se refere à influência da literatura alemã sobre ele, que era insignificante. Ele próprio narra de maneira muito engraçada o aspecto fragmentário e casual dos seus conhecimentos nessa esfera, que por sinal é impopular. Na sua infância, relata, certa vez leu uma narrativa de um tal Jean-Paul Richter,[5] como leu também os *Contos de fadas de Grimm*, acrescentando que ainda considerava "Grimm" o autor alemão mais divertido. Estranho que não tenha apontado Heine ou Hoffmann, normalmente tidos como os alemães mais capazes de entreter. Mais estranho ainda que considerasse "Grimm" como um indivíduo que possuía a qualidade muito pouco germânica de saber entreter os outros. Parecia não saber que aquele "Grimm", na verdade, eram duas pessoas, os irmãos Jacob e Wilhelm, amantes românticos e entusiasmados da história medieval alemã, que ouviram aqueles contos de fada diretamente da boca do povo e os colecionaram fielmente. Além disso, juntos, estruturaram um dicionário etimológico colossal da língua alemã, que nunca conseguiram terminar

---

[4] A expressão é uma alusão jocosa de Thomas Mann a Shakespeare, nome que, traduzido literalmente para o alemão, daria justamente *Speerschüttler*, "sacudidor de lança".

[5] Sobre Jean-Paul Richter, ver a nota 7 do ensaio "Goethe como representante da era burguesa", neste volume.

e cuja finalização está agora novamente a cargo de eruditos alemães.[6] De fato, essa obra em vários volumes é a leitura mais divertida do mundo para todos aqueles que se sentem tão atraídos pela língua alemã como Shaw pela língua inglesa.

Todo o mundo deveria aprender alemão, costumava dizer Shaw, e ele mesmo dizia estar determinado a fazê-lo. Mas, como na altura tinha apenas cinquenta e cinco anos, não tinha pressa. Nunca aprendeu a língua, e quando recebia visitantes alemães que não sabiam falar inglês deixava que falassem até pararem para tomar fôlego. Então, batia a mão no peito e exclamava: "*Ausgezeichnet*!" ["Excelente!"] Fingia não saber muito bem o que significava esta palavra, mas sempre deixava os alemães felizes. Eu próprio poderia ter falado um pouco de inglês com ele, mas jamais o visitei por uma questão humanitária, pois estava – e continuo – convicto de que jamais lera uma única linha minha, e isto poderia tê-lo constrangido. Poderíamos ter evitado o constrangimento se tivéssemos evitado a literatura, lançando-nos logo sobre outro tema comum, a música. Era a música alemã que Shaw tinha em mente, nada além dela, quando se referia à cultura alemã e a tudo o que devia a ela. Deixava isto muito claro, e afirmou abertamente que todo o resto da cultura ocidental de que se apropriara não se comparava à sua compreensão intuitiva da música alemã, do seu nascimento

---

[6] Os irmãos Grimm deram início ao projeto em 1838, e esperavam terminá-lo em dez anos, mas o primeiro volume saiu apenas em 1854! Wilhelm Grimm morreu em 1859 e Jacob, em 1864, quando ainda estava na letra "F". Várias instituições, como a Academia de Ciências da Prússia e a Academia de Berlim, estiveram envolvidas na finalização do trabalho, completada em 1961, bem depois de este texto ter sido escrito, com 32 volumes, num total de 350 mil verbetes. A primeira parte da segunda edição, com os verbetes de A a F, deve ficar pronta em 2012.

até a sua maturidade. Filho de uma cantora lírica e professora de canto, Shaw deixou uma produção dramática que é a mais intelectual do mundo, mas é ao mesmo tempo música com palavras, como ele próprio enfatiza, construída segundo o padrão de desenvolvimento de motivos musicais: ambiciona o efeito musical com todo o brilho sóbrio, com todo seu juízo crítico e galhofeiro. Poucas críticas agradaram mais a Shaw do que a de um colega inglês por ele muito estimado, Harley Granville Barker. Este costumava exortar os atores que ensaiavam uma peça de Shaw: "Pelo amor de Deus, lembrem-se de que não se trata de uma peça de teatro e sim de uma ópera, e representem cada fala como se um 'Da capo!' os estivesse esperando."

Na verdade, assim como todos os outros autores teatrais relevantes que o antecederam, Shaw criou sua própria linguagem, uma linguagem teatral no fundo tão pouco realista quanto a paixão cantada da ópera, elevada, exagerada, carregada e epigramática, em nada menos retórica do que os versos iâmbicos de Schiller e, por mais estranho que possa soar, tão patética quanto – sendo que aqui *pathos* não deve ser compreendido como peroração e grandiloquência, e sim como expressão extrema, geralmente na forma de uma excentricidade da palavra impregnada com humor, prenhe de espírito, desafio, afronta – o paradoxo tonitruante. Em seu preâmbulo para sua obra *Santa Joana* – tão bom que quase torna a peça desnecessária – ele diz, pondo a nu a superstição científica do nosso tempo: as teorias dos nossos físicos e astrônomos e a facilidade com que acreditamos nelas "teriam dissolvido a Idade Média num único grito de divertimento cético". É esse o seu estilo. E é assim que ele fala não só como ensaísta, mas também por meio de seus personagens no palco – sendo obrigatório observar que é o seu próprio efeito sobre a plateia que ele descreve com precisão por meio da fórmula do "dissolver-se num grito de divertimento cético".

Quando, em 1885, William Archer[7] viu pela primeira vez o jovem dublinense, recém-chegado a Londres, na biblioteca do Museu Britânico, encontrou-o ocupado com duas obras que vinha estudando alternadamente durante várias semanas. Eram *O capital*, de Marx, e a partitura de *Tristão e Isolda*, de Wagner. Eis o Shaw completo. É o Shaw socialista radical, que, orador ardente, reivindicava a nacionalização de todas as formas do capital, para além da doutrina de Henry George, que só se referia à reforma fundiária; é o Shaw que foi a alma da Sociedade Fabiana, que escreveu o *Guia da mulher inteligente para o socialismo e o capitalismo*, um livro que Ramsay McDonald[8] ousou chamar de o mais valioso do mundo ao lado da Bíblia; é o Shaw que iniciou sua trajetória de dramaturgo com *Casas de viúvos*, um tratado sobre a pseudorrespeitabilidade da classe média, a vergonha social dos proprietários de cortiços, e que continuou sendo sempre um homem do debate social, tendo chamado suas peças um pouco desdenhosamente de "conferências dramáticas". E é Shaw, o dramaturgo nato, que não

---

[7] William Archer (1856-1924), escritor e tradutor inglês de Ibsen e Hauptmann. De início, *Casas de viúvos* era uma coautoria de Archer e Shaw, mas os dois se desentenderam e somente Shaw assinou a peça.

[8] Henry George (1839-97), economista americano. Sociedade Fabiana: movimento intelectual de socialistas ingleses, do final do século XIX até a Primeira Guerra Mundial, que buscava os ideais socialistas por meios graduais e reformistas, e não revolucionários, como propunha o marxismo. Ramsay McDonald (1866-1937), primeiro-ministro do primeiro governo liderado pelo Partido Trabalhista (1924).

tem nada daquele erotismo cálido e elevado ao sétimo céu[9] de Wagner, mas que, como músico intelectual, apóstolo e comentarista laborioso, de fato foi o seu aluno. Escreveu um livro sobre ele, *O wagneriano perfeito*, que por sua sabedoria lúcida se distingue com muita vantagem daquela barulheira viciada em pseudoprofundidade dos exegetas alemães de Wagner. E não é por acaso que faz par com esse um outro ensaio de gratidão e admiração crítica: *A quintessência do ibsenismo*. Pois Ibsen, cujo parentesco artístico com Wagner certa vez tentei abordar,[10] foi outro mestre seu, e da maneira mais interessante o seu caso demonstra como experiências artísticas simpáticas e profundas podem ser processadas, aproveitadas e produtivamente fundidas em algo completamente novo e pessoal por alguém com um temperamento diferente.

Ibsen teria dito certa vez que cada uma de suas obras teatrais poderia muito bem ter se tornado um ensaio. Bem, Shaw nunca abriu mão do ensaio que existe na peça, mas colocou-o ao lado da peça ou, melhor, como prefácio, geralmente tão extenso e eloquente quanto a peça propriamente dita, nomeando coisas que depois, na peça, não poderiam ser nomeadas de forma tão direta, tão crítica. Eu, por exemplo, acho equivocado e não julgo ser um cruzamento feliz entre ensaio e drama o fato de, na quarta cena da *Santa Joana*, Cauchon e Warwick inventarem os nomes "protestantismo" e "nacionalismo" como definição da heresia de Joana e de qualquer heresia de forma geral. Objetivamente, estas expressões até podem não ter sido

---

[9] "Elevado ao sétimo céu", em alemão "*himmelüberhimmelndem*": Mann cita a expressão usada por Nietzsche em um poema dedicado a Wagner.

[10] Ver, no presente volume, o ensaio "Ibsen e Wagner".

anacronismos no século XV, mas enquanto construções de palavras o são de uma maneira que dissolve a forma e o estilo. Pertencem ao ensaio, onde também se encontram. O drama deveria tê-las evitado, dando-se por satisfeito com figurá-las por meio de perífrases.

Nem isso nem o fato de que em *Santa Joana*, assim como em suas outras peças, a ária às vezes se converte em editorial impedem que essa "crônica dramática" seja o que há de mais caloroso, poeticamente cativante e o que mais se aproxima da alta tragédia que Shaw jamais escreveu – uma obra de uma justiça verdadeira e genial, em que a razão madura nascida de um *esprit fort*[11] dos séculos XVIII e XIX se curva diante do sacro e que merece totalmente a sua fama mundial. Há apenas uma peça que eu gostaria de equiparar àquela – ou até mesmo colocar acima: é *Casa da desilusão*, fruto poético da Primeira Guerra Mundial e uma peça da qual nem Aristófanes, nem Molière, nem Ibsen teriam se envergonhado, uma peça que ocupa o posto mais alto da comédia, com um diálogo brilhante, personagens muito curiosos e engraçados, e no entanto prenhe de maldição e rejeição, arejada por uma atmosfera social de fim de mundo.

Se contarmos todas as peças de um só ato – e há muitas, como *A grande Catharina* [*Great Catharine*] e *A revelação de Blanco Posnet* [*The shewing-up of Blanco Posnet*] –, Shaw escreveu mais obras teatrais do que Shakespeare; e se, em seu peso específico, são tão díspares quanto as de seu grande antecessor, ao qual ele ousadamente gostava de se comparar, se algumas delas já vão amareladas e, como ele mesmo previu, foram ultrapassadas em sua problemática, é sempre fato que, além das

[11] Em francês no original: livre-pensador, conceito-chave do Iluminismo.

já listadas e elogiadas, obras como *César e Cleópatra*, *Homem e super-homem*, *Pigmalião*, *Androcles e o leão* e a clarividente sátira política *A carroça de maçãs* [*The applecart*] – obras que persistiram e continuarão por muito tempo a resistir ao tempo, seja por sua sabedoria e pedagogia humanitária, seja por sua poesia plena de humor. Mas se acrescentarmos a torrente de textos de comentário ensaístico e de crítica amplificadora, em que ele processou de maneira artisticamente leve, esteticamente atraente e recreativa um saber enciclopédico, que se dirige para todos os lados, um saber científico e teológico, de história geral, socioeconômico – então temos uma obra de vida de uma dimensão espantosa, que parece ser o resultado de uma inspiração feliz e constante e de um prazer de trabalhar jamais interrompido.

Assim como Ibsen e Wagner, esse homem era ligado ao trabalho. Almejava falar com Zaratustra não de sua felicidade, mas de sua obra. Não conhecia o ócio, que devia considerar antissocial, antes de qualquer outra coisa, e explicou que jamais foi jovem no sentido do homem médio que, na juventude, ganha experiência. Por isso mesmo, conservou-se jovem e, já idoso, na sua obra ainda era eufórico como um cavalo novo. Inteiramente antiburguês, sob o lema marxista-revolucionário "Antiburgueses de todos os países, uni-vos", por sua sensibilidade moral e seu estilo de vida ele era, na verdade, burguês, até puritano, e dizia que podia se aposentar da literatura e se tornar um respeitável comerciante de queijos sem mudar qualquer coisa em seus costumes caseiros. Para ele, o oposto do burguês não era o boêmio, e sim o socialista. Dizia desconhecer o mundo em que as pessoas passam as noites em jantares, tomando champanhe com atrizes, modelos e dançarinas; surpreendia-se como suas infelizes vítimas o suportavam, até mesmo duvidava que existissem de verdade, pois todas as atrizes e dançarinas que conhecia eram mulheres corretas que davam duro no trabalho. Ele, por sua vez, era um homem racional que também dava duro no trabalho, que não escrevinhava seus dramas à meia-luz da madrugada, e sim cumpria sua tarefa literária inteligentemente programada entre o café da manhã e o almoço e ia dormir regularmente antes da meia-noite a fim de estar com a mente fresca, clara e sóbria de manhã. A boêmia o repugnava porque simplesmente não precisava dela, o vício o entediava e, no tocante à ebriedade, vejam o que diz seu velho capitão em *Casa da desilusão:* "Temo ficar inebriado, mais do que qualquer coisa no mundo. Estar inebriado significa ter sonhos, tornar-se manso, satisfazer-se com pouco, deixar-se enganar e cair nas garras do mulherio."

Vê-se: estar inebriado significa também – e prioritariamente – o estado de ebriedade erótica que esse poeta não conhecia. Isso não significa que não gostasse de mulheres, ao contrário, podemos chamá-lo de galanteador, assim como Ibsen. Geralmente, em suas peças, as mulheres são bem superiores aos homens por obra de uma esperteza natural, um bom-senso comum e uma vontade de rir, uma vontade de rir à custa dos homens. Mas ele gosta de citar Napoleão, que dizia que as mulheres eram a ocupação do preguiçoso, e por sua vez acrescentou que nenhum homem de afazeres sérios teria tempo e dinheiro para casos com mulheres. Não era um Santo Antônio, pois este era assaltado por tentações, enquanto aparentemente a abstinência carnal era tão fácil para a natureza vítrea de Shaw quanto a renúncia à carne nas refeições. Mas não fez nenhuma doutrina dessa renúncia. O pão que agrada a uma pessoa, dizia simplesmente, pode ser o veneno da outra. A "revolta contra a tirania do sexo" (palavras suas), no entanto, fazia parte dos seus pontos programáticos em matéria de ética social e artística, e em suas peças não há nada de paixão, encantamento, entrega erótica, aquele *"come puo essere ch'io non sia più mio"*[12] do soneto de Michelangelo – que, em sua boca, soaria mesmo muito estranho.

Tem-se a tentação de perguntar a Shaw, assim como o príncipe pergunta à rainha tão insistentemente no *Dom Carlos* de Schiller: "A senhora nunca amou?" A resposta seria um "não" risonho – risonho, porém um não, que parece vítreo. Uma "Elegia de Marienbad" com o famoso verso "paixão gera sofrimento", um episódio como o do Goethe septuagenário com Ulrike von Levetzow[13] é inimaginável no caso de Shaw, e ele se orgulhava disso mais do que nós o fazemos por ele. Ele conservou uma exuberante persistência vital, mas falta algo de plenitude visceral a essa vitalidade, falta tanto que, de alguma forma, apesar de todo o seu vulto, não deixa de diminuir seu formato. Tenho uma certa queda pelas generosas refeições de Lutero e Goethe e Bismarck, assim como me agrada o gosto pela bebida e pelo fumo de Winston Churchill. Na imagem de Shaw – não apenas a física, mas também a espiritual – há algo de magro, de vegetariano e de frígido que, para mim, não combina com a imagem de grandeza. A esta imagem está associada

---

[12] Em italiano no original: "Como pode ser que eu não sou mais eu próprio?"

[13] Aos 74 anos, na estância termal de Marienbad, Goethe apaixonou-se pela jovem baronesa Ulrike von Levetzow, 54 anos mais jovem do que ele, e para ela escreveu "Elegia de Marienbad", um de seus últimos poemas, no qual há o verso *"die Leidenschaft bringt Leiden"*.

ainda uma imagem de tragédia humana, sofrimento, sacrifício. A batalha pesada (que lembra o titã Atlas) e a carga muscular e moral de um Tolstói; Strindberg, que passou pelo inferno; a morte de Nietzsche como mártir na cruz do pensamento nos insuflam esse respeito trágico. Nada disso no caso de Shaw. Estaria ele acima disso ou não estaria ele à altura disso? A uma de suas peças ele deu o nome de *Um jogo fácil com coisas pesadas*.[14] É como ele poderia ter chamado todos os seus escritos. E eu começo a pensar se esta não era talvez a definição de toda a arte futura, e se Shaw não era o profeta risonho de uma humanidade emancipada do trágico e aliviada das trevas. Ao mesmo tempo, no entanto, eu me pergunto se a leveza não lhe era leve demais e se ele alguma vez foi o homem capaz de levar as coisas pesadas de maneira muito pesada.

Deixemos que o tempo resolva com que leveza ou peso o julgará. Certo é que ele precisava de sobriedade e de uma dieta de saladas para conservar sua maneira de clareza, divertimento, descomprometimento e euforia libertadora, e nada seria mais equivocado do que acusá-lo de desamor por causa de sua frieza. Sua risada era para tudo e todos, e no entanto ele não era nada menos do que um niilista mefistofélico que "contrapõe o frio punho diabólico ao santo poder criador". Mais uma vez, é o seu capitão Shotower em *Casa da desilusão* que diz: "Pessoas idosas são perigosas. Para elas, é indiferente o que será do mundo." Para Shaw, nunca foi indiferente o que seria do mundo, até a idade de noventa e quatro anos. O sacerdote que fez as preces finais junto a seu leito de morte teve

---

[14] Tradução literal do título alemão para a peça *In Good King Charles' Golden Days* [*Nos dias de ouro do bom rei Carlos*].

toda razão ao dizer: "Este homem certamente não era nenhum ateu." Não o era, pois admirava a força vital que deu início a um grande experimento com o homem na Terra, e para Shaw importava que esse experimento, apesar de tudo, no final das contas, não fosse um fracasso para Deus. Convicto de que o estético, a alegria artística, é o meio pedagógico e de formação mais eficaz, empregou incansavelmente a arma brilhante de sua palavra e de seu chiste contra o poder mais terrível que ameaça o sucesso do experimento: a estupidez. Fez o melhor que pôde para harmonizar a tensão entre verdade e realidade e ajudar a elevar o gênero humano a um novo degrau de maturidade social. Ironizou aquilo que é demasiado humano [*das Allzumenschliche*],[15] mas nunca o homem. Foi um amigo da humanidade e assim, penso eu, continuará vivendo em sua memória, em seu coração.

[15] Alusão à obra *Humano, demasiado humano*, de Nietzsche.

Gerhart Hauptmann

UM POUCO DE MÚSICA e as próprias palavras do morto, agora eternizado: nada teria sido melhor nessa hora de recordação, de luto, de alegria, de amor, de celebração de uma imortalidade. Por que chamar a mim para que eu interponha entre essas duas coisas – a grande música e a palavra do grande poeta – uma "homenagem", como se diz, homenagem esta cuja insuficiência já me parece clara de antemão? Mas como era isso que se desejava, como principalmente a venerável viúva me distinguiu com o desejo de que eu estivesse hoje aqui para lhes falar, como poderia eu me negar a homenagear a memória de Gerhart Hauptmann e a venerar sua existência eterna? Pela nonagésima vez estamos comemorando o dia de seu nascimento. Em dez anos, haveremos de estar juntos novamente, aqui e em toda a Alemanha, quando apresentaremos seus dramas em festivais, contemplaremos a sua vida, aquela vida abençoada pela obra, pela vasta obra, e cuidaremos de sua permanência; e nos quartos de século seguintes e vindouros, quando já se terão passado mais cem desde o seu centésimo aniversário, outras gerações alemãs farão o mesmo – sinal de uma força vital que não pode ser ameaçada por nenhuma decrepitude da carne, não pode ser devorada por nenhum túmulo, posto que é do espírito.

Era estimulante, mas era também ocioso e equivocado brincar com a oposição entre espírito e vida, ou mesmo esconjurar o espírito como antagonista da vida. Como se espírito não fosse vida e força vital; como se nele a vida não vivesse mais uma vez, mais forte, mais elevada, mais sensata, e como se ele não fosse capaz de viver *e* produzir num sentido quase biológico! Houve um tempo, depois da Primeira Guerra Mundial, em que uma linhagem expressionista de literatos se comprazia em negar à obra de Hauptmann a dimensão "espiritual". E, no entanto, nada é mais impressionante – para não dizer interessante – naquela vida longa, vasta, sempre produtiva e que majestosamente sobreviveu a esse tipo de crítica, do que as afluências vitais desejadas e produzidas pelo espírito, que foram dadas à sua natureza e que transformaram o rapaz franzino e pálido de outrora, talvez um pouco tísico, fanaticamente abstinente, no homem largo e rijo, orgulhoso, bom copo e bom garfo, no verdadeiro tronco de carvalho, no ancião majestoso que, sobressaindo de uma dinastia menor e aludindo com sua personalidade às mais altas recordações, representou com serena convicção a condição de ser alemão e poeta [*das Dichterisch-Deutsche*].

Treze anos mais novo que ele, não o conheci em sua primeira fase. Eu não passava de um menino quando *Antes da aurora* [*Vor Sonnenaufgang*] causou alvoroço no público burguês de 1889 – público este que não queria abandonar os epígonos mais facilmente digeríveis, um público que ironizava e repudiava os novos problemas que moviam a literatura, a nova linguagem que ela empregava, por considerá-los hostis à poesia. A vitória, histórica para o teatro, de *Os tecelões*, quatro anos mais tarde, só chegou enquanto eco fraco aos ouvidos do jovem de dezoito anos que ainda se libertava da apertada prisão da cidade paterna. Minha senda me levou para Munique, não para Berlim, onde aquelas batalhas eram travadas. Mas naturalmente a obra crescente de Hauptmann cruzava os meus caminhos na capital do sul da Alemanha, embora meu amor e pendor estivessem mais voltados para a literatura épica, para o romance europeu, do que para o drama, e a obra de Hauptmann ajudou a forjar a minha juventude, penetrando profundamente na minha sensibilidade com a sua ética da compaixão social, sua humanidade sofredora e sábia, e, não esqueçamos, com sua arte da linguagem, que era misteriosa e manifesta. É mesmo curioso: o naturalismo estava na ordem literária do dia e Gerhart Hauptmann era tido como o seu porta-estandarte – com razão, pois ele pertencia àquela corrente com uma parte de sua literatura. Mas ao mesmo tempo havia algo totalmente diverso nas transformações e na índole da época, algo que pouco tinha a ver com a reprodução crua da natureza, que até mesmo a contradizia rigorosamente: estavam lá as insinuações fantasmagóricas das últimas peças de Ibsen; a renovação esotérica da linguagem de Stefan George, oriunda do parnasianismo francês, a seu modo tão revolucionária e desafiadora quanto o choque naturalista para a burguesia; os primeiros dramas simbolistas de Maeterlinck, com sua linguagem onírica e altamente ansiosa; a arte de Hugo von Hofmannsthal, de um refinamento e efebismo característicos da Viena decadentista; o circo sexual patético e moralizante de Frank Wedekind; Rilke e sua sonoridade lírica nova, tão sedutora – tudo isso acontecia ao mesmo tempo, tudo isso era expressão da índole daquela época tão rica e movimentada, quando se cruzavam e interpenetravam muitas correntes, determinadas por personalidades diversas – todas elas, por sua vez, igualmente marcadas pelo mesmo tempo.

Não estava eu mesmo prestes a escrever um romance, uma crônica familiar que carregava traços inequívocos do naturalismo, mas que, por sua postura épica e concepção artística, involuntariamente ficava atrás dele e, ao mesmo tempo, o ultrapassava? Olhando como discípulo para aquele que mais parentesco tinha comigo em termos de gênero, de que modo uma criação contemporânea e madura como a de Hauptmann poderia deixar de me fascinar e ensinar – uma criação tão vitoriosa, na qual confluíam tantas tendências literárias em voga no mundo naquele momento, o elemento neorromântico tendo se misturado logo com o realista, o desnudamento guerreiro da realidade entretecendo-se com a poesia e a dissolução de formas desgastadas levando nitidamente a um novo comprometimento? Havia ali verdade e ritmo, subversão e arte – ou, como o velho Fontane[1] escreveu a sua filha sobre o "drama social" *Antes da aurora*: "Ele mostra a vida como ela é, em todo o seu horror, não acrescenta nada, mas também não tira nada. Com tudo isso – e este é o ponto principal e a razão principal da minha admiração –, naquilo que para o leigo aparece como simples vida copiada, exprime-se uma medida de *arte* que não se poderia imaginar maior."

Não, desde o início aquilo não era realidade copiada ou "sans-culottismo" naturalista, e sim *arte* – uma arte que cedo já deixava transparecer através do moderno e do dialetal aquilo que é atemporal, exemplar, clássico. O mesmo autor que, já ancião, chegou aos dramas de Ifigênia em Delfos e Áulis,[2] de

---

[1] Theodor Fontane (1819-98), autor de romances como *Effie Briest* (1894-96) e *Stechlin* (1897-99), é considerado o mais importante escritor do assim chamado Realismo alemão.

[2] Hauptmann publicou em 1944 a tetralogia dos Átridas, composta por *Ifigênia em Áulis*, *A morte de Agamémnon*, *Electra* e *Ifigênia em Delfos*.

Agamenon e Electra – esse mesmo autor, no auge de sua força, aos trinta e seis anos, escreveu *O carroceiro Henschel* [*Fuhrmann Henschel*]: uma tragédia ática na rude roupagem da contemporaneidade popular-realista. Ele próprio contava que acrescentava diariamente apenas algumas linhas ao manuscrito, "e assim surgiu aquela obra-prima magistral", dizia o velho com aquela expressão de humor que lhe conhecemos.

Foi Richard Dehmel quem constatou para ele e para nós a coesão secreta, o "verso interior" de sua linguagem popular supostamente naturalista da Silésia, foi Dehmel quem reconheceu nele o ritmista, cuja escrita [*Dichten*] muitas vezes flutua acima da linguagem, quase sem pensamentos, como no final do *Michael Kramer*, ou na extrema vagueza de pensamentos. Como eu adorava aquele último ato com o caixão de Arnold Kramer à luz das velas, quando a morte já transfigurou e elevou o homem vil – a morte, esta "forma mais suave da vida, obra-prima do amor eterno"! Ali os lábios do pai proferem palavras articuladas pela metade, plenas de sentimento, um sentimento frequente na arte de Hauptmann, a sensibilidade para o incompreensível do destino cósmico-metafísico da humanidade. "Onde vamos parar, para onde estamos sendo levados? Por que, às vezes, nos exaltamos diante do incerto? Nós, pequenos, abandonados na imensidão? Como se soubéssemos qual é o nosso destino", e, voltando-se para a máscara mortuária de Beethoven: "Pois foi assim que te exaltaste! – E o que sabias? – Não é uma festa terrena! Não é o céu dos padrecos! Não é isso e nem aquilo, mas então o que… o que será, finalmente?"

Muitas vezes, diante de sua obra, fui levado a pensar em Gógol, que chamou de "poema" àquela sua obra grotesca em forma de romance, *Almas mortas*, àquela sátira amarguíssima e ferocíssima da realidade russa – com razão, pois a partir da comicidade radical do real o poético, o canto, se eleva como um hino. Assim, desde o início o realismo e o naturalismo de Hauptmann eram entremeados e ritmados por poesia: a poesia que, na comédia *Schluck und Jau*, brota patética e comovente da alma do pobre beberrão que se julga príncipe, quando este começa a fantasiar sobre o barril de aguardente ("Senhora, como isso é grande, aqui podem beber milhares de borboletas"); mas também a poesia sombria e melodramática que reina quando Bruno Mechelke, no drama *Os ratos*, relata seu assassinato ao som do sino da igreja num domingo de manhã: "... eu ainda estava bem fresquinho, bem, então... então aquilo aconteceu daquele jeito." Os celestes devaneios febris da pobre Hannerle não foram enxertados na miséria social de forma especulativa e contrastante, como acreditava, com coração pétreo, a crítica literária. Piedoso, santificando o sofrimento, um cântico angelical dos sonhos escapa, flutuando, à cinzenta prosa da realidade:

Es leuchtet von unsern Füssen
Der grüne Schein unsrer Heimat;
Es blitzen im Grund unsrer Augen
Die Zinnen der ewigen Stadt.[3]

E com que maravilhosos versos brancos caminha o poema dramático em que o mais orgulhoso de todos os homens, um

[3] Tradução livre: "A verde luz da pátria/ Brilha a nossos pés/ Faíscam no fundo de nossos olhos,/ As muralhas da cidade eterna."

senhor do mundo e eleito dos deuses, é humilhado por uma doença repugnante e torna-se uma figura miserável, um fantasma para os homens.

Heinrich, der Herr, er trug sich wie ein Türk,
der seidene Turban sass auf seinem Haupt,
Araberblut war sein milchweisser Hengst,
und klingelnd unterm Zeichen des Propheten,
umhüpft von güld'nen Monden, schritt das Tier:
ihm hat dafür der Gott der Christenheit
das Zeichen von Aleppo angeheftet...[4]

Não precisei recorrer ao livro para buscar esses versos, lembro-me deles de cor, pois me acompanharam através das décadas como parte daquelas reservas de beleza, obra de autores antigos e modernos que eu carrego comigo, sempre disposto a citar. E quando, mais tarde, encontrei pessoalmente o mestre, a cabeleira encanecida emoldurando seu rosto como um anel de chamas, disse-lhe que, mais que todos, aquele seu poema de brilho, queda e superação – *O pobre Heinrich* [*Der arme Heinrich*] – era o que mais intimamente se prendera ao meu coração.

Mas isso ainda demoraria. De longe, eu o vi avançando naquele seu caminho de vida e de criação, tão superior a todos nós, vi-o com veneração, às vezes cético na admiração, mas sempre desprezando, no fundo, os literatos que o repreendiam por "falta

[4] Tradução livre: "Henrique, o senhor, portava-se como um turco/ O turbante de seda na cabeça/ Puro-sangue o seu cavalo alvo como leite/ E o animal trotava tilintando sob o signo do profeta/ Rodeado de douradas luas pululantes/ Por isso o deus da cristandade/ Pôs nele o sinal de Aleppo..."

de espírito", repreensão que, com palavras ignaras, afirmava algo de respeitável e comovente: uma grandiosa coesão na dimensão poética, algo irracional que, dentro dele, impunha-se cada vez mais com o passar dos anos, na mesma medida de sua vida biológica, tornando-se mais firme, mais robusto, mais majestoso – principalmente, talvez, naquela obra da velhice que se conservou como fragmento, *O grande sonho* [*Der grosse Traum*], um tecido aterrador de perfeição e imperfeição, com a *terza rima* admirável, com a efervescência de visões que jorram e que, em termos artísticos, nem ele conseguiu mais domar totalmente. Temos diante de nós uma obra de tamanho imenso, em que, porém, nem tudo foi trabalhado com maestria e levado à clareza – nem tudo que aquele homem carregava dentro de si transformou-se em obra e forma. Havia dentro dele uma pletora de sonhos que o fazia gritar durante o sono, como sabemos; dominá-la e dar-lhe ordem, evitando os fracassos e as falhas, era tarefa que ultrapassava a força humana. Se realmente quisermos ser piedosos, não devemos necessariamente elogiar o poema épico em hexâmetros *Till Eulenspiegel* como um todo – para mim, transpô-lo de coração leve para uma categoria serenamente gloriosa parece um delito contra o sofrimento. Mas, como exemplo daquele jorro irracional de sonhos a que me referi, quero citar a visão do sol que não se levanta mais na oitava aventura de Eulenspiegel – tão grandiosa, tão aterrorizante, testemunhando os medos noturnos, o pavor cósmico que morava dentro dele e que encontrou sua expressão comovente num pequeno poema de 1914:

Durchdrungen von Pein, gemartert schwer
von Sorge und Sehnsuchtsschmerzen

durchwacht ich die Nacht, ach, die lange Nacht,
in Tränen mit pochendem Herzen –
– – – – – – – – – – – – –
Halt aus, halt aus, nur diese Nacht,
sonst ist es um dich geschehen:
sonst hast du gestern zum letzten Mal
in die funkelnde Sonne gesehen.
O rufe, o rufe mit wildem Schrei
den lösenden Jubel der Sonnen,
sonst hat dich die schwarze Spinne, die Nacht,
für Ewigkeiten umsponnen. –[5]

Hauptmann como poeta da compaixão social – eis um lugar-comum que também eu tenho repetido. Na realidade, não é tanto dessa compaixão – "essa jovem, como deve ter sofrido!" – que vive animicamente a sua respeitável obra, e sim do padecimento em si: o sofrimento intenso que se eleva no pesadelo à máxima dor e, por vezes, por meio de uma criatividade obstinada, a imagens poderosas. E a razão do sofrimento? Os horrores da humanidade, seu destino demoníaco-enigmático e acima de tudo a tortura e a miséria que ela inflige a si mesma. Isso se mostra em passagens grandiosas – o padecimento se trai nelas, principalmente no *Grande sonho* –, passagens em que uma capacidade incomensurável de padecer se transforma em

[5] Tradução livre: "Transpassado pela dor, torturado/ De preocupação e dores de saudades,/ Passei a noite em vigília, ah, a longa noite,/ Às lágrimas, o coração batendo forte.// Aguenta, aguenta, só mais esta noite,/ Ou tudo acabará./ Ou terás visto ontem/ Pela última vez, o sol brilhante./ Ó brade, brade com grito selvagem/ O júbilo dos sóis que tudo resolve/ Senão a noite, aquela aranha preta,/ Te agarrará para toda a eternidade."

imagens, imagens perfeitas na forma, mas à beira do duvidoso e do fracassado. E não admira – se é que eu estou certo – que seus últimos dramas da velhice, dos anos 40, sejam totalmente dominados por essa energia sofredora, já que todos os quatro são uma fuga do silêncio sufocado da era Hitler rumo às máscaras do mundo sanguinolento dos Atridas.

Ou então que se ouça a conta do carrasco Görg no drama *Magnus Garbe*, sobre a Inquisição: "Jogar um maléfico no óleo, 24 florins. Esquartejar um vivente, 15 florins e 30 cruzados. Executar um sujeito com adaga, 10 florins. Depois disso, colocar o corpo numa roda. Levar alguém à forca, 10 florins. Queimar vivos 4 hereges, 30 florins." De alguma maneira, aquele poeta carregava dentro de si a história sanguinolenta da humanidade, e em especial a dos alemães – ainda mais sofrida, mais sofrida no próprio corpo do que qualquer outra. Michael Kramer: "Vejam, ali jaz um filho que tem mãe! Que feras cruéis são esses homens!... Vós fizestes o mesmo com o filho de Deus! Vós lhe infligistes o mesmo hoje que outrora!..." Numa recente reencenação dessa peça, a imprensa alemã percebeu alguma coisa. Descobriu que ali se revelava nitidamente que bem antes de Tennessee Williams (e de outros) havia Gerhart Hauptmann. E, acrescentemos, de uma energia, de uma força bem diferentes.

Sofrimento, sangue, os horrores da noite – e, a partir disso, e apaixonadamente entrelaçado a isso, o desejo de beleza, luz, do "júbilo dos sóis que tudo resolve". E ainda o amor pela primavera da Grécia, de maneira tão oficial quanto comovedora, ou a nomeação aos setenta e um anos como membro correspondente da Academia ateniense: "Desde sempre, sou ligado a Atenas por uma inclinação apaixonada." O afeto por Atenas, pela Grécia, pela beleza clara, a nostalgia da cura física, da sensualidade livre, da beleza feminina, como tudo isso aparece cada vez com mais força em sua poesia tardia; era "apaixonado", nascido do sofrimento, e seu erotismo vive da ambiguidade entre entrega ao sofrimento e entrega à beleza. Há as moças da alma, cristãs e delicadas, pálidas e transparentes – Hannele, Ottegebe, Elsalil na *Balada de inverno* [*Winterballade*], e há as filhas naturais de Eva, verdadeiras deusas, como a Ágata do *Herege de Soana* [*Ketzers von Soana*], com a doçura inebriante de seus lábios sorrindo quase que ironicamente, sua nuca, seus ombros, "contra os quais não há proteção, não há arma", seu peito abençoado e atormentado por arrepios de vida. "Ela emergiu das profundezas do mundo e passou diante do homem pasmo – e ela vem subindo, ascendendo para a eternidade como aqueles em cujas mãos impiedosas foram entregues céu e inferno." Quanta embriaguez! Ser tomado assim por uma exuberância sensual! E nem de longe este é o único exemplo de entrega entusiasmada, de aceitação profunda do eterno corpóreo. Jesus, o crucificado, e Dionísio estavam reunidos miticamente naquela alma, assim como na de Nietzsche – o homem da dor, o homem de Getsêmane e o sacerdote pagão que levanta seus trajes na dança sagrada...

Não parece que acabo de fazer uma citação – quando na verdade citei não a ele, mas a mim mesmo? Foi assim que o citei, quer dizer, conjurei num romance em que o contato com sua personalidade converteu-se num exemplo de arte [*Dichtung*] farsesca? Não tenho como me arrepender, mesmo hoje, depois de mais de um quarto de século, não tenho como me maldizer pelo que fiz, por mais que tenha sido criticado. É meu dever hoje homenageá-lo – e foi o que fiz, pecaminosamente melhor e de forma mais duradoura, naquele trecho. Pois a única forma de lidar com o que é poético, irracional, é por meio da literatura, e não por intermédio da palavra que analisa e dissocia.

Muito se murmurou e falou sobre aquele ato, uma transgressão nascida do fascínio. E por que eu não haveria de falar a respeito sob a proteção do perdão que sua grandiosa bondade me concedeu? Como já disse, aproximei-me dele quando estava no seu auge, eu aos quarenta e oito e ele aos sessenta e um, em Bozano-Gries, no outono de 1923, quando seu trabalho concentrava-se no *Grande sonho* e na *Ilha da grande mãe* [*Die Insel der Gropen Mutter*], e o meu, na *Montanha mágica*. Encontros insignificantes, fugidios, aqui e acolá já tinham precedido aquele, e agora, perto do ponto de virada da minha vida e na plenitude da sua, o acaso nos reuniu sob o telhado do mesmo hotel-pensão, de onde havia uma vista para o "jardim das rosas", e apesar de todo meu desânimo diante de preocupações narrativas, de um impasse momentâneo pelo qual eu passava, dividi de coração a sua alegria sobre aquela coincidência. Passávamos as noites em companhia, as esposas se davam bem, e ele me chamava, quis me transformar num companheiro de suas adoradas sessões de vinho nos restaurantes de Bozano, e ria-se de mim quando, depois de todo aquele vinho gelado que eu tomava apenas por sua causa, eu saboreava o café quente que me fazia bem. Ele, o não fumante, me via mais às voltas com o meu charuto do que com a oferenda de Baco, que ele saboreava e que elevava o seu espírito, e se divertia. "Ele está fumando", dizia ele com aquele seu sotaque da Silésia – claramente satisfeito com o fato de eu também me entregar a uma paixão. Os caçadores de autógrafos entravam e o rodeavam com seus álbuns e folhas de papel, compreensivelmente sem se preocupar nem um pouco comigo. A mim isso agradava, a ele, não.

Nunca haverei de esquecer como a sua bondade cordial não queria tolerar aquele descaso que, para mim, era muito bem-vindo, aquele desdém pela minha presença a seu lado, que o constrangia muito. "Meus senhores", dizia ele, o dedo em riste, "parece que os senhores não se dão conta de quem está aqui... Em suma, estão correndo o risco de perder uma oportunidade..." "Deixe disso!", pedia eu, mas ele não descansava até que as pessoas também me apresentassem seus blocos de notas e pedaços de papel.

Quando nos livrávamos deles, flertava com a garçonete, acusando-a de não o amar de verdade. Era apenas uma pobre mulher. Mas, cheio de Baco, ele enxergava uma Helena em cada mulher. E para mim é inesquecível a postura ereta e digna com a qual costumava passar pelos funcionários do hotel que sorriam devotamente quando voltávamos para lá.

Naquela oportunidade, eu o via diariamente, sempre olhava para ele, bebia suas palavras, seus gestos, e dentro de mim exclamava: "Ei-lo!" Repetindo: eu me encontrava num impasse e buscava um personagem que já tinha sido previsto há muito na composição e que eu precisava introduzir, mas que eu não via, não ouvia, não possuía. Eu viera para Bozano inquieto e preocupado, e o que me foi dado lá foi uma visão. Nenhuma outra palavra seria tão adequada. Não pensem que eu o tenha espionado e, maldosamente, decidido retratá-lo. Não é assim que as coisas acontecem, não de forma tão mesquinha e baixa. Não se trata de "observar", mas de um olhar para a realidade que se converte em *contemplação*. Com aquela exclamação – "ei-lo!" – eu não quis me referir ao grande e bondoso amigo. Estava me referindo a Mynheer Peeperkorn, aquele trágico e estranho personagem que se elevou no meu romance, o orador fascinante no trovão ensurdecedor da cachoeira, a "personalidade" irracional, o formato "dominador", a cujo lado os falastrões e pedagogos intelectuais, as rinhas dialéticas do romance de formação parecem anões. Agora mesmo, enquanto escrevia esta alocução, o livro voltou a aparecer diante dos meus olhos, enviado por um admirador em busca de uma dedicatória. Reli os três capítulos em que eu cometi a pecaminosa traição e lhes confesso: fiquei comovido com o acerto mais do que real daquele retrato de imaginação. Não se trata de uma mera caricatura – não foi traição, foi uma homenagem, e, enquanto retrato da maior figura na dimensão humana e pessoal que já conheci, será muito mais capaz de transmitir à posteridade o teor de sua existência, da festividade dolorosa de seu ser, do que muitas monografias críticas.

Havia festividade, digo, naquele ser humano de pura dignidade que se dedicou totalmente a sua obra, que enfeixava dentro de si todas as forças antagônicas a serviço da criação e as elevava a *festivitas*. Ele adorava essa palavra, muitas vezes o ouvi dizê-la. Não fazia muito caso de festas de virada do ano, de festas de calendário. Para o poeta, dizia ele, todo dia é dia de festa – algo que, saído de qualquer outra boca, soaria sentimental e forçado. Vindo de seus lábios, da boca de um homem torturado pelos sonhos, de um dionisíaco sofredor, era uma declaração de peso. E na sua Alemanha, que ele amava como um filho ama a mãe, que ele amou mesmo quando esta se perdeu nas trevas, a obra que ele lhe consagrou há de seguir sendo uma elevada *festivitas* – pelos tempos afora.

Fragmento sobre Zola

Émile Zola sempre me pareceu ser um dos representantes mais poderosos do século XIX, um dos mais exemplarmente marcados por aquela época. Certa vez, décadas atrás, para assombro descabido de meus compatriotas alemães, eu o comparei a Richard Wagner, mencionando os *Rougon-Macquart* e *O anel dos nibelungos* de um só fôlego. Não eram, de resto, afins? O parentesco de espírito, de intenções, dos próprios meios, salta aos olhos hoje. Não os unem apenas a ambição do formato, o gosto artístico pelo grandioso e pelo maciço, nem apenas, no aspecto técnico, o *leitmotiv* homérico (que também pode ser encontrado em Tolstói); é acima de tudo um naturalismo que se alça ao plano do simbólico e se vincula intimamente ao mítico. Pois quem poderá ignorar, na narrativa épica de Zola, o simbolismo e o pendor mítico que, à maneira drástica, brutal e outrora escandalosa de quem serve à verdade, elevam seu mundo além do real? Aquela Aspásia/Astarte[1] do Segundo

[1] Edições distintas oscilam entre esses nomes, provavelmente devido à caligrafia de Thomas Mann, nem sempre corretamente interpretada pela sua secretária. Aspásia foi uma cortesã grega nascida em Mileto, na Ásia Menor, em 440 a.C. Astarte era a mais importante deusa dos fenícios, conhecida na tradição bíblico-hebraica como deusa dos sidônios, deusa da lua, da fertilidade, da sexualidade e da guerra, adorada principalmente em Sídon, Tiro e Biblos. Optamos por manter os dois nomes na presente tradução.

Império chamada Nana[2] não seria um símbolo, um mito? De onde tirou o seu nome? É um som primitivo, um gaguejar primevo e sensual da humanidade. Nana também era o apelido da deusa babilônica Ishtar. Zola sabia disto? Tanto mais insólito e característico se ele não o soubesse.

A sólida condição burguesa, a colossal ética do trabalho, a devoção científica, a estranha mistura que, nele, uniu uma visão do mundo sombria, que beirava o obsceno e o crasso, à crença luminosa em ideais simples e ao empenho pessoal na luta por eles: tudo isso é a vertente mais impressionante do século XIX e, parece-me, também tinha a ver com o mito, ou, se preferirem um sinônimo para "mito", com a tradição. Pois assim como a feroz convicção na verdade de sua obra épica escorava-se na tradição da crítica social francesa, assim também sua atuação política em 1898, o famoso "J'accuse", com o qual interferiu no *affaire* Dreyfus, era miticamente protegido pela tradição francesa: sem a figura – exemplo e admoestação ao mesmo tempo – de um Voltaire, sem o caso Jean Calas, Zola, romancista saturado e bem-estabelecido no mundo burguês, não teria compreendido que estava sendo chamado à luta, nem teria sido compreendido nisto pela sua nação.

Confessemos, portanto, que invejamos a feliz simplicidade da situação moral em que esse homem e escritor se encontrava. Travar uma luta pela verdade e justiça contra as sombrias maquinações antilibertárias de um bando de militares – como isso é bom, claro, belo! E a condição de mártir associada a isto – como era inofensiva, em comparação! Pelo menos comparada

[2] Referência à personagem-título do nono volume da saga dos *Rougon-Macquart*, de Zola.

àquela que nossa época pós-liberal, a época totalitária, impõe a todo tipo de não conformismo. Uma excursão à Inglaterra que lhe rendeu uma asma cardíaca, enquanto o *Zeitgeist* não permitia que ninguém tocasse em seu patrimônio, na sua obra, e na França eram publicados os seus artigos sem qualquer problema, que o regressado reuniu no ano seguinte sob o título *A verdade em marcha* – tudo isso nos parece bastante brando, diante da experiência tão diversa por que passamos. E quem hoje, não importa onde viva, quiser rebelar-se, denunciar a mentira e a usurpação, não teria que se defrontar com os incômodos que Zola teve de suportar – pois a aniquilação o estaria esperando, pronta a golpear.

Época dourada aquela em que um único pecado contra o direito, a expulsão de um único inocente era capaz de revoltar o mundo inteiro com ajuda da palavra de um grande escritor! Desde então, o retrocesso ético tem sido terrível, horrível o nosso embrutecimento psicológico com a experiência do Mal exercido em massa. A apatia e a angústia nos transformam em aleijões morais – e ainda nos vangloriamos do refinamento de nossos conhecimentos, da "superação do materialismo" e até mesmo de um "revigoramento do impulso religioso"!

A era burguesa – somos os primeiros a torcer o nariz sarcasticamente ao olhar para trás! Em Zola admiro o século XIX, venero nele o mito da França, a tradição que o animava e que é uma tradição de consciência social e sensibilidade atenta para a liberdade, a verdade e a dignidade humana.

Ensaio sobre Tchekhov

QUANDO ANTON TCHEKHOV MORREU de tuberculose em Badenweiler, em julho de 1904, eu era um jovem que ingressara na literatura com alguns contos e um romance que deve muito à arte narrativa russa do século XIX. Hoje tento em vão me lembrar que impressão me causou então a notícia da morte do contista russo quinze anos mais velho do que eu. Não encontro nada. A notícia, naturalmente também difundida e comentada pela imprensa alemã, não deve ter me tocado, e aquilo que então se escreveu acerca de Tchekhov pouco deve ter contribuído para aprofundar em mim a percepção sobre aquele que partira, demasiadamente cedo para a Rússia, demasiadamente cedo para o mundo. Aqueles necrológios provavelmente foram marcados pela mesma ignorância que determinava a minha relação com a vida e a obra do autor e que só se clareou lentamente com o passar dos anos.

Quais as razões dessa ignorância? No meu caso, certamente contribuiu o fascínio pela "grande obra", pelo "fôlego", pelo monumento épico concluído com poderosa paciência e perseverança, o endeusamento dos grandes realizadores, Balzac, Tolstói, Wagner, que eu sonhava igualar de alguma forma. E Tchekhov, assim como Maupassant – que, aliás, eu conhecia bem melhor –, foi homem da forma breve, do conto, que não exige a espera heroica ao longo de anos ou décadas, mas que, com ligeireza artística, pode ser concluído em poucos dias ou semanas. Eu cultivava um certo menosprezo em relação àquilo, sem me dar conta ainda das dimensões interiores que tudo o que é breve e sintético adquire graças ao gênio, nem da concisão – admirável, acima de tudo – que abarca toda a plenitude da vida, elevando-a a uma categoria épica, sim, podendo até mesmo superar em intensidade artística o grandioso, a obra gigantesca, que inevitavelmente às vezes se cansa e se rende a um respeitável tédio. Se eu compreendi tudo isso melhor na maturidade do que na juventude, devo-o principalmente ao contato com a arte narrativa de Tchekhov, que se equipara ao que há de melhor e mais poderoso na literatura europeia.

Em termos gerais, o fato de Tchekhov ter sido subestimado durante tantos anos na Europa Ocidental e até mesmo na Rússia me parece estar relacionado com a sua postura extremamente objetiva, crítica e cética em relação a si mesmo, a insatisfação com que considerava as suas realizações – em suma, a sua *modéstia*, que era absolutamente simpática, mas não talhada para impor respeito ao mundo, e com a qual, por assim dizer, ele deu um mau exemplo. Pois a opinião que temos acerca de nós mesmos influencia a imagem que as pessoas fazem de nós; ela tinge essa imagem, podendo até distorcê-la. Aquele escritor de contos breves permaneceu tempo demais convicto da irrelevância de suas habilidades, da sua indignidade artística; só muito lentamente, com dificuldades, adquiriu alguma confiança em si – confiança esta que não pode faltar para que os outros acreditem em nós –, e até o final ele não revelava nenhum traço do *grand-seigneur* literário, muito menos do sábio, do profeta, como Tolstói, que olhava para ele gentilmente, de cima para baixo, e que, segundo Gorki, via nele "uma pessoa maravilhosa, quieta e *modesta*".

Esse elogio por parte de uma gigantesca imodéstia, que não fica nada a dever à de Wagner, tem algo de deprimente. É provável que Tchekhov o recebesse com um sorriso quieto, educado, irônico; pois a educação, o respeito que conhece seus deveres e alguma ironia determinavam sua relação com o todo-poderoso de Iasnaia Poliana, e apenas ocasionalmente – é claro que não no trato pessoal com aquela personalidade opressora, mas em cartas para terceiros – a ironia se transforma em rebelião aberta. Depois de regressar de sua viagem ao inferno, a sacrificante viagem que empreendeu até a ilha carcerária de Sacalina,[1] Tchekhov escreve: "Como eu estaria casmurro agora se tivesse permanecido entre as minhas quatro paredes. *Antes* da viagem, por exemplo, a *Sonata a Kreutzer* de Tolstói me parecia um importante acontecimento; agora, no entanto, parece-me cômica e paradoxal." A atitude imperiosa – e, no entanto, equívoca – do profeta o irrita. "Ao diabo com a filosofia dos grandes deste mundo", escreve ele. "Todos os grandes sábios são despóticos como os generais e mal-educados como os generais, pois estão convictos de sua impunidade." Isso diz respeito principalmente a Tolstói, quando este se pôs a ofender os médicos, chamando-os de "patifes inúteis". Pois Tchekhov era médico, médico por paixão, um homem de ciência e que acreditava nela enquanto poder gerador de progresso, grande inimiga das condições miseráveis, esclarecedora de mentes

[1] Em abril de 1890 Tchekhov viajou à Sibéria para visitar a colônia penal na ilha de Sacalina, onde entrevistou oficiais e escreveu um relatório sobre as péssimas condições locais. A viagem lhe forneceu material para escrever *Gusev*, *No exílio* e *O assassinato*.

e corações; e a sabedoria da "não resistência ao mal", da "resistência passiva", o desprezo à cultura e ao progresso que o poder se permitia eram para ele lorotas reacionárias. Por mais poderoso que alguém possa ser, nunca se deve lidar com problemas importantes como um ignorante – e é precisamente disso que acusa Tolstói. "A moral de Tolstói não me comove mais; no fundo do meu coração, não gosto dela", escreveu Tchekhov. "Tenho sangue de camponês e não me impressiono com virtudes camponesas. Desde jovem, sempre acreditei no progresso. A reflexão sóbria e o senso de justiça me dizem que há mais amor ao homem na eletricidade e no vapor do que na castidade e no jejum."

Em suma, eis um positivista – por modéstia: um simples servo da verdade que pretende melhorar o mundo, um homem que não exige em nenhum momento quaisquer licenças de grandeza. Certa vez, ao comentar o *Discípulo* [*Le disciple*], de Bourget, ele deixa muito clara sua posição contra o menosprezo pretensamente idealista do materialismo científico. "Tais cruzadas são incompreensíveis para mim. Proibir ao homem a direção materialista significa proibir-lhe a busca pela verdade. Fora da matéria não existe experimento, não existe ciência e, portanto, tampouco existe a verdade."

Sua longa dúvida em relação a si mesmo como artista ultrapassa o seu próprio ser, estende-se à arte, à literatura propriamente dita, com a qual se recusa a viver sozinho "entre suas quatro paredes". O trato com ela sempre lhe pareceu carecer de complementação através de uma atividade social, masculina e prática, com as pessoas, no seio da vida. A literatura, para usar suas próprias palavras, era sua amante, enquanto a ciência, a medicina, a esposa legítima, com a qual ele se sentia em culpa a cada infidelidade cometida com a primeira. Daí a viagem para a ilha de Sacalina, cheia de percalços e riscos para sua já combalida saúde, e seu notável relatório sobre as horríveis condições de vida ali reinantes, que de fato suscitou algumas reformas. Daí a sua incansável atividade como médico rural, que sempre correu paralela ao trabalho literário, a administração do hospital municipal de Svenigorod perto de Moscou, o combate ao cólera que ele travou em Melichovo, sua pequena propriedade, onde insistiu na construção de novos barracos, além da curadoria da escola da aldeia. Apesar de tudo isso, cresce sua fama de escritor, mas Tchekhov a observa com ceticismo, com consciência pesada. "Será que estou ludibriando o leitor, já que não sou capaz de responder às questões mais importantes?", pergunta.

Essa afirmação me tocou como nenhuma outra; foi o verdadeiro motivo que me fez tomar a decisão de me ocupar a fundo com a biografia de Tchekhov. É uma das mais comoventes, mais cativantes que eu conheço. Tchekhov nasceu em Taganrog, no sul da Rússia, perto do mar de Azov – um lugarejo onde o pai, um pequeno-burguês beato, cujo próprio pai ainda fora servo de um senhor de terras, tinha um comércio e tiranizava a mulher e os filhos. Além disso, era pintor diletante de quadros de santos, tentava tocar violino como autodidata, era apaixonado por música litúrgica e reuniu um coro de igreja em que obrigava seus filhos a cantar. Provavelmente, foi por causa dessas paixões excêntricas que sua loja acabou falindo e ele teve de fugir dos credores para Moscou, enquanto Anton Pavlovich ainda frequentava a escola. Mas havia naquela estreiteza mesquinha algo de obscuramente artístico que haveria de surgir e desabrochar em apenas um de seus filhos. É bem verdade que um dos irmãos mais velhos se tornou "jornalista" e outro artista plástico – um jornalista de pouco renome e um pintor que afogava seu talento, se é que tinha algum, na vodca: pessoas fracas, sem força de vontade, que o único filho estável, chamado para a vida e para a realização, tentou em vão apoiar.

Inicialmente, os meninos são obrigados a ajudar o pai nas vendas da loja, realizar pequenas tarefas e, nos feriados, levantar-se às três da madrugada para participar dos ensaios do coro da igreja. E ainda há a escola, o liceu de Taganrog, uma instituição disciplinadora e desalmada, com ordens superiores de manter professores e alunos distantes de qualquer ideia libertária. É uma vida de trabalhos forçados, tediosa, opressora, vazia. Mas aquele Anton, secretamente eleito, tem curiosos contrapesos, um talento compensador para divertir-se e divertir os outros, para o cômico e para a mímica, que se alimenta de observações e as traduz em imitações caricatas. O garoto sabe imitar de forma tão engraçada e verdadeira um diácono ingênuo, um funcionário público dançando no baile, o dentista, as manias do delegado na igreja que todos se admiram e dizem: "De novo! Mas que coisa! Nós também vimos, mas não foi tão engraçado como o que faz agora este moleque. Mas deve ter sido divertido, pois rimos tanto quando ele faz as imitações. É algo totalmente novo entre nós, alguém representar assim, e com mais naturalidade do que na vida real. Ha, ha, ha, quanta besteira! Chega dessa besteira mal-educada, moleque! Mas, antes, mostra mais uma vez o delegado indo à igreja!"

O que aparece ali é o fundamento primitivo da arte, o gosto de arremedar – o talento, o prazer do jogar e a vocação de divertir, que mais tarde empregará meios e formas bem diferentes, esposando temas mais espiritualizados, experimentando um enobrecimento moral, elevando-se do plano daquilo que apenas diverte para o que comove – mas que, apesar de uma profunda seriedade, jamais esquecerá o sentido do cômico, conservando muito da talentosa imitação do delegado, do funcionário público que dança...

O pai, então, precisa fechar a sua loja e vai para Moscou, enquanto Anton Pavlovich, àquela altura com dezesseis anos, continua por mais três anos nos bancos da escola em Taganrog. Pois para realizar seu desejo mais intenso – estudar medicina – é preciso concluir o ginásio. E ele consegue, termina as três últimas séries, ganhando a vida com uma bolsa de estudos diminuta e dando aulas de recuperação mal-remuneradas para alunos mais novos, recebe o diploma de conclusão e pode seguir para morar com os pais em Moscou e ingressar na universidade.

A vida na cidade grande torna feliz aquele que escapou à estreiteza provinciana? O peito se lhe abre, fazendo-o sentir-se bem? Mas ninguém podia se sentir bem com a vida russa de então. Ela era sufocante, abafada, submissa, tutelada e intimidada por uma autoridade brutal, era uma vida comandada e censurada pelo Estado, rastejando aos gritos. O campo era oprimido pelo sistema de governo absolutista e conservador do czar Alexandre III e seu terrível Pobedonostsev[2] – um regime de tristeza. E foi à tristeza que, ao redor de Tchekhov, entregaram-se muitas cabeças mais sensíveis, necessitadas

---

[2] Konstantin Petrovich Pobedonostsev (1827-1907), eminência parda do regime do czar Alexandre III da Rússia e curador da Igreja ortodoxa russa.

do oxigênio da liberdade. O destino de Gleb Uspenski, um honesto narrador da vida camponesa russa, foram as trevas mentais. Gartchin, cujos contos melancólicos Tchekhov muito apreciava, cometeu suicídio. Outro que tentou o suicídio em seu desespero foi Levitan, o pintor, com quem Anton Pavlovitch mantinha relações de amizade. A vodca se tornou um grande atrativo entre intelectuais. Bebia-se – por desesperança. Os dois irmãos de Tchekhov bebiam e decaíram rapidamente, embora o mais moço lhes suplicasse que se controlassem. Bem, sim, talvez também tivessem bebido se Pobedonostsev não existisse, mas infelizmente podiam apontar para o exemplo do bom e velho poeta Palmin, outro amigo de seu irmão e que também bebia.

Anton Pavlovitch não bebia e tampouco foi vítima da depressão ou da doença mental. Primeiro, dedicou-se com zelo aos estudos de medicina, longe da ingerência do senhor Pobedonostsev. E, no que se referia à tristeza generalizada, ele a enfrentava a seu modo engraçado, assim como, na adolescência, costumava combater o tédio de Taganrog: divertia as pessoas, imitava o delegado, o diácono idiota, o funcionário no baile ou coisas do gênero – agora já não mais por mímica, e sim por escrito: sentado no apartamento dos pais, que dividia com outros e que era barulhento e agitado (ele próprio levara para lá dois aposentados de Taganrog), escrevia para jornais humorísticos que usavam da sátira com moderação; escrevia várias pecinhas engraçadas, curtas, compostas rapidamente, anedotas, diálogos, vinhetas, esboços, caricaturando casamentos pequeno-burgueses, comerciantes bêbados, esposas briguentas ou desvirtuadas, um oficial demitido mas que continua gritando com todo mundo – de modo que, assim como em casa, em Taganrog, as pessoas exclamavam: "Mas que coisa fantástica! Que talento! Repete, mais uma vez!"

E ele repetia, sempre, borbulhante, inesgotável em sua observação do cotidiano e na imitação cômica, apesar de ser um grande esforço para um jovem unir o duro estudo de medicina a este divertimento público. Pois as vinhetas precisavam ser modeladas, lapidadas, significavam trabalho intelectual, e era preciso compor muitas e muitas delas para que a soma dos míseros honorários não apenas servisse para financiar o estudo, mas também contribuísse substancialmente para a sobrevivência dos pais e dos irmãos mais jovens, pois o pai não ganhava quase nada. Aos dezenove anos, Anton era o sustento da família. "Antocha Tchekhonte", era como ele se assinava em sua condição de fornecedor de folhetins humorísticos...

É quando ocorre algo de curioso, algo de característico do espírito e da vontade própria da literatura, revelando, que, no momento em que alguém começa a lidar com ela, ainda que de modo tão pragmático, colateral e cômico, podem se produzir consequências inesperadas. Esse espírito "cutucava a consciência", como dizia o próprio Antocha Tchekhonte, o piadista. Numa carta, ele relata como empreendia esse seu trabalho literário que lhe "cutucava a consciência": sentado à mesa no apartamento dos pais, apesar da gritaria das crianças, das pessoas que chegam e saem, do barulho de brinquedos, do pai lendo em voz alta no quarto ao lado. Esse tipo de trabalho não deveria "cutucar", já que não passa de piada e diversão burguesa. Mas aquilo que eu chamo de insólito, determinante, inesperado, é que, pouco a pouco, sem que ele queira ou se dê conta do processo, começa a entrar nos seus pequenos folhetins algo com que estes originalmente nem pretendiam se vincular, algo que tem origem na consciência da literatura e, ao mesmo tempo, na própria consciência – algo ainda engraçado e divertido, mas ao mesmo tempo amargo, triste, que põe a nu e acusa a vida e a sociedade, algo de dolorosamente crítico, em suma: algo de literário. O que surge ali está ligado à escrita propriamente dita, à forma, à linguagem – pois a tristeza crítica e a revolta são expressão do desejo de uma realidade melhor, de uma vida mais pura, verdadeira, bela e nobre, de uma sociedade humana que sirva melhor ao espírito, e esse desejo se reflete na linguagem, no compromisso com o trabalho artístico nessa linguagem, um compromisso "impiedoso", parte incondicional daquilo que penetra nos textos ligeiros de Antocha. Outros quinze anos se passarão e Gorki sentenciará sobre esse Antocha: "Em termos de estilo, Tchekhov é insuperável, e o futuro historiador da literatura, ao refletir sobre a evolução da língua russa, dirá: essa língua foi criada por Puchkin, Turguêniev e Tchekhov."

Palavras de 1900. Mas ainda estamos em 1884-85. Tchekhov, agora já com vinte e quatro anos, terminou os estudos e começa a estagiar no hospital municipal de Voskresensk, onde realiza autópsias em cadáveres de suicidas ou pessoas mortas em circunstâncias suspeitas. Mas continua com a literatura divertida, aquilo se tornou um hábito; de resto, escreveu alguns textos – *A morte do funcionário*, *O gordo e o magro*, *Um delinquente* – que teve prazer em confeccionar, que talvez não agradem ao grosso dos leitores porque sua comicidade tem um sabor amargo, mas que fazem um ou outro leitor erguer a sobrancelha. Um desses leitores é D.V. Grigorovich. Quem conhece Dimitri Vassilievitch Grigorovich? Eu não. Para confessar abertamente, eu jamais ouvira falar dele antes de mergulhar na biografia de Tchekhov. E, no entanto, tratava-se de um escritor conhecido naquela época, um autor de literatura séria que conquistou muito renome com seus romances sobre a vida dos servos. Uma carta sua chega às mãos do jovem Dr. Tchekhov em Voskresensk, uma carta muito séria, talvez o acontecimento mais comovente, espantoso e marcante de sua vida. Nela, o escritor famoso e já idoso – que fora amigo de Belinski e depois também de Turguêniev e Dostoiévski e que só viria a morrer em 1899 – escreve: "O senhor possui um talento extraordinário, que, estou convicto, não tem por que refugar diante das tarefas mais elevadas. Seria uma lástima se o senhor prosseguisse desperdiçando suas energias com quinquilharias literárias. Sinto-me pressionado a suplicar que não o faça mais e que se concentre em empreendimentos verdadeiramente artísticos." Eis o que Anton Pavlovich lê, preto no branco, com a assinatura daquele nome famoso. Ficou consternado, alvoroçado, abalado de um modo que provavelmente nunca mais ficaria em sua vida. "Quase explodi em lágrimas e sinto que a carta deixou rastros profundos em minha alma. Estou como que anestesiado. Não tenho condições de julgar se mereço ou não tanta recompensa... Se é verdade que eu tenho um talento que merece atenção, então confesso diante da pureza do seu coração que, até agora, nunca me dei conta dele... *O organismo tem motivos suficientes para ser injusto, extremamente desconfiado e hipocondríaco em relação a si próprio...* Até agora, tenho me comportado de maneira totalmente leviana, desleixada e superficial em minha atividade... Escrevia preocupado em não gastar *nos meus contos aquelas imagens e personagens que me são caras* e que, Deus sabe por quê, eu guardava e escondia com tanto zelo." É assim que Tchekhov escreve na carta de agradecimento ao velho Grigorovich, que se tornou conhecida posteriormente. Depois de escrevê-la, encaminhou-se para uma nova autópsia ou um caso de tifo no hospital municipal, digamos para um caso de tifo, pensando na moléstia do primeiro-tenente Klimov, uma história de doença contada do ponto de vista da alma da vítima[3] com perfeita maestria por Anton Tchekhov – que deixara de se chamar Antocha Tchekhonte a partir do recebimento daquela carta.

Foi-lhe dado viver apenas uma vida curta. Aos vinte e nove anos já apresentava os primeiros sintomas da tuberculose; era médico, sabia das coisas, certamente não nutriu a ilusão de que suas forças o conduziriam até a idade provecta de um Tolstói. Cabe perguntar se a consciência da exiguidade do tempo que lhe cabia na terra não contribuiu essencialmente para a estranha modéstia, cética e tão infinitamente simpática, que seguiu determinando sua postura intelectual e artística, se essa consciência não contribuiu inclusive para o instinto de fazer dessa modéstia uma característica de sua condição de artista, elevando-a a um encanto específico de sua existência. Mais ou menos vinte e cinco anos, foi só o que lhe foi dado para seu desenvolvimento e seu aperfeiçoamento criativo, e pode-se dizer que ele usou bem o tempo: assinou cerca de quinhentos contos, dos quais muitos têm a dimensão de uma "*long short story*", e há entre eles algumas obras-primas, como "Enfermaria nº 6", em que um médico, entediado com o mundo burro e miserável da normalidade, faz amizade com um louco interessante, com o que esse mesmo mundo acaba rotulando-o de louco e o coloca atrás das grades. Com suas oitenta e sete páginas, a novela,

---

[3] O conto "Tifo" foi publicado em 1886.

escrita em 1892, embora evite qualquer acusação direta, é tão terrivelmente simbólica da desesperança na Rússia de então, da humilhação do ser humano na fase final da autocracia, que o jovem Lênin chegou a dizer para a irmã: "Quando terminei de ler esse conto ontem à noite, tive uma sensação estranha, não consegui mais ficar no meu quarto, levantei-me e saí. Era como se eu próprio estivesse preso na enfermaria nº 6."

Se estamos citando e elogiando, não posso deixar de falar de "Uma história enfadonha", para mim, a mais preciosa das criações narrativas de Tchekhov. É uma obra absolutamente extraordinária, fascinante, ímpar em sua estranheza silenciosa e triste e que já começa pasmando o leitor com o fato de que a história, escrita por um jovem que mal completara trinta anos, apresenta-se de saída como "tediosa", quando na verdade é devastadora, narrada com muita sensibilidade pela boca de um ancião. Trata-se de um sábio famoso no mundo inteiro, uma eminência que, em suas confissões, autodenomina-se "Minha Excelência" – mas o faz no mesmo tom de quem diz "Meu Deus do céu!". Pois, embora esteja no cimo da hierarquia oficial, ele é dotado demais, em termos intelectuais, de crítica e autocrítica, para levar a sério a fama e a devoção que lhe prestam. No fundo da alma, é um ser desesperançado que se dá conta de que falta a sua vida, a despeito de todos os seus méritos, um centro intelectual, uma "ideia geral"; sua vida, no fundo, foi vazia de sentido, a vida de um desesperançado. "Cada sentimento", escreve ele, "cada pensamento vive em mim separadamente, e em meus juízos sobre ciência, teatro, literatura nem o analista mais experiente encontrará aquilo que se chama de uma ideia geral ou o Deus do homem vivo. *E quando isto falta, não existe mais nada...* Por isto, não admira que os últimos meses da minha vida tenham sido obscurecidos por pensamentos e sentimentos dignos de um escravo ou de um bárbaro, e que hoje eu seja indiferente a tudo. Se dentro do ser humano não existir algo mais elevado e mais forte do que todas as circunstâncias exteriores, então, claro, basta-lhe um resfriado para que perca o equilíbrio e todo o seu pessimismo ou o otimismo junto com todas as grandes e pequenas ideias se reduzam a sintomas – mais nada. Fui vencido. Quando é assim, não há motivo para refletir ou discutir mais. Ficarei sentado, esperando em silêncio o que virá."

"And my ending is despair": estas últimas palavras de Próspero sempre são evocadas em minha memória pelas confissões do velho famoso Nicolai Stepanitch, quando este diz: "Acontece que eu não gosto da popularidade do meu nome. É como se ela estivesse me enganando." Anton Tchekhov não era velho, era jovem, quando fez o personagem falar isto e as outras coisas acima, mas não lhe foi dado viver muito tempo, e talvez tenha sido isto que lhe permitiu antecipar incrível e quase misteriosamente o sentimento da velhice. Ele emprestou muita coisa de si mesmo ao seu velho sábio moribundo, principalmente este "não gosto da popularidade do meu nome". Pois Tchekhov tampouco gostava de sua fama crescente; de alguma forma aquilo lhe metia medo. Não ludibriava seus leitores, não os cegava com o seu talento, "sem ser capaz, porém, de responder às perguntas mais importantes"? Para que escrevia? Qual era o seu objetivo, a sua crença, o seu "deus do homem vivo"? Onde ficava a "ideia geral" de sua vida e de sua escrita, ideia sem a qual "não existe mais nada"? "Uma vida consciente sem uma visão de vida consciente", escreveu a um amigo, "não é vida, é apenas um peso e um susto." Kátia – atriz fracassada,

única pessoa por quem o coração de Nicolai Stepanitch ainda bate e pela qual ele cultiva um secreto amor de ancião – Kátia pergunta desesperada a seu tutor: "O que devo fazer? Apenas uma palavra, Nicolai Stepanitch, eu lhe suplico, o que devo fazer?" E ele se vê obrigado a responder: "Eu não sei, Kátia, pela minha consciência, eu não sei."

A pergunta "o que fazer?" passeia constantemente pela obra de Tchekhov, e de forma intencionalmente confusa; beira o limite do ridículo pela maneira desamparada, afetada e curiosa como seus personagens se expressam sobre ela, sobre essa pergunta vital. Já não sei dizer em qual história, mas há um momento em que uma senhora entra em cena e afirma: "Deveríamos olhar para a vida como que através de um prisma, ou seja, vê-la fracionada em vários componentes e fendida em seus elementos simples, cada um dos quais deveria ser estudado separadamente." Esse tipo de fala abunda em suas novelas, assim como nas peças de teatro. Em parte, pode estar simplesmente satirizando o prazer tão russo de filosofar sem chegar a conclusão nenhuma e discutir infinitamente, como também ocorre em outros autores. Mas, no caso de Tchekhov, essas falas têm um pano de fundo bem insólito, uma função artística especial, opressiva *e* cômica. O conto "O vagabundo", narrado na primeira pessoa do singular, por exemplo, é recheado desse tipo de discussão. O "eu", o vagabundo, que tem o apelido irônico de "Pequeno Benefício", é um idealista que se rebela contra a ordem social vigente, crê na necessidade de trabalho físico para todos, abandona sua classe de gente erudita e passa a viver uma vida proletária e obscura, pesada e vil, cuja realidade cruel o faz sofrer muitas dolorosas decepções. De tanto sofrer com essas excentricidades, seu pai, homem fiel às tradições, acaba morrendo, e o vagabundo também é culpado pelo fato de sua irmã terminar em maus caminhos e na miséria. Alguém, um certo doutor Blagovo, diz-lhe: "Eu o respeito, o senhor é uma alma nobre, um idealista honesto. Mas não acha que, se tivesse utilizado toda essa sua força de vontade para transformar sua vida de maneira tão radical, toda essa tensão, essa potência, para qualquer outra coisa, por exemplo para com o tempo se tornar um grande sábio ou artista, sua vida também teria sido muito mais profunda e em todos os aspectos mais fértil?" "Não", responde o "vagabundo", "pois antes de tudo é necessário que os fortes não subjuguem os mais fracos, que a minoria não se transforme em parasita para a maioria, que todos, tanto os fortes quanto os fracos, os ricos e os pobres, participem igualmente na luta pela existência, e para tal não há instrumento mais nivelador do que o trabalho físico elevado para todos como tarefa obrigatória." "Mas o senhor não acha que se todos, mesmo as pessoas mais maravilhosas, os maiores pensadores e sábios, participarem na luta pela existência, empregando o seu tempo para quebrar pedras ou pintar telhados, correríamos um grande risco no futuro?" É uma boa pergunta. Mas não tão boa que o interlocutor não possa encontrar uma resposta melhor ou, no mínimo, igualmente boa. E já que o assunto é progresso, começam a falar de objetivos. Segundo a opinião do doutor Blagovo, os objetivos e os limites do progresso humano, global, situam-se no infinito, e ele julga mesquinho medi-los pelas opiniões do presente.

Quanta capacidade de argumentação! Se os limites do progresso estiverem plantados no infinito, então seus objetivos são indeterminados. *"Como podemos viver sem saber para que vivemos?* – Muito bem! Mas este não saber é menos entediante do que o seu saber. Eu galgo uma escada que chamam de progresso, civilização, cultura, subo cada vez mais alto, sem saber aonde ela me levará, mas essa maravilhosa escada torna a minha vida digna de ser vivida. Você, no entanto, sabe para que vive: para que uns não oprimam os outros, para que o artista e aquele que lhe prepara as tintas dividam o mesmo almoço. Mas esse é o lado cinzento, menor, prosaico da vida. Viver para ele é simplesmente repugnante. Precisamos pensar no grande X que aguarda a humanidade no futuro..."

Blagovo fala com muito entusiasmo, e é possível ver que algum outro pensamento, bem diferente, ocupa a sua cabeça. "Sua irmã não deve vir", diz, olhando para o relógio. "Ela mencionou ontem que viria visitá-lo hoje." Quer dizer então que ele só veio para encontrar a irmã, pela qual está apaixonado, e só fala na expectativa de ver a moça! O motivo humano que se esconde atrás de suas falas e está escrito em sua testa lança uma ironia e um ridículo risonhos sobre tudo o que ele dizia. A radical mudança de vida do "vagabundo" é desvalorizada ou então problematizada pelas duras decepções que ele experimenta e pela culpa que ele carrega; a dialética do visitante se autoironiza pelo fato de servir à espera pela moça. A verdade da vida, com a qual o poeta está comprometido antes de tudo, desvaloriza as ideias e as opiniões. *Essa verdade é irônica por natureza*, o que facilmente leva a que se acuse o poeta – para quem a verdade está acima de tudo – de falta de opinião, indiferença em relação ao bem e ao mal, falta de ideais e de ideias. Tchekhov se preservou contra tais acusações. Ele dizia confiar em que o leitor saberia preencher as lacunas da narrativa, os elementos reprimidos, "subjetivos", isto é, os elementos confessionais e a postura ética. De onde, então, vêm o seu medo, a aversão à sua fama, essa sensação de estar enganando o leitor, já que não conhece a resposta para as perguntas mais importantes? De onde vem sua misteriosa capacidade de se transfigurar em um ancião desesperado que descobre que em sua vida faltou a "ideia do todo", "sem a qual nada existe", que à pergunta "o que devo fazer?" de uma desorientada é obrigado a responder: "Pela consciência, não sei."

Se a verdade da vida é irônica por natureza, a arte, então, seria niilista por natureza? E, no entanto, ela é tão laboriosa! Pois ela é, por assim dizer, o trabalho em seu estado puro e em alto grau de abstração, o paradigma de todo e qualquer trabalho, o trabalho em si. Tchekhov se entregava ao seu trabalho como ninguém. Gorki disse nunca ter conhecido "ninguém que sentiu tão profundamente a importância do trabalho como base de *toda* cultura como Tchekhov". De fato, todos os dias, até o fim, ele trabalhou incessante e incansavelmente, sem considerar a sua constituição frágil, apesar da natureza da doença que consumia suas forças. Mais ainda: realizou esse trabalho heroico duvidando constantemente do seu sentido, a despeito do sentimento de culpa por carecer de uma "ideia central", de uma "ideia do todo", por não ter resposta para a pergunta "o que fazer?" e apenas desviar a atenção desta pergunta, por meio da simples narrativa da vida. "Apenas desenhamos a vida como ela é", disse ele, "não damos nenhum passo além disso." Ou: "Do jeito que as coisas são, a vida do artista não tem sentido, e quanto mais talentoso ele é, mais estranho e incompreensível se torna o seu papel, porque está provado que ele trabalha para a diversão de um vil animal de rapina, apoiando, dessa forma, o *status quo*." O *status quo* eram as condições impossíveis dos anos 1890 na Rússia, nas quais

Tchekhov viveu. Mas sua dor, sua dúvida quanto ao trabalho, sua percepção do que havia de raro e insólito em seu papel de artista são atemporais e não se prendem às condições russas da época. "Condições": quero dizer, sempre existiram e existirão condições péssimas, abrindo um abismo irreparável entre a verdade e a realidade. E até hoje Tchekhov tem irmãos no sofrimento, que não se sentem bem com a fama, por estarem divertindo um "mundo perdido, sem lhe retribuir nem um traço de uma verdade salvadora", que conseguem se colocar tão bem como ele na pele do herói idoso da "História enfadonha" que fica devendo resposta à pergunta "o que devo fazer?"; irmãos no sofrimento que não conseguem nomear o sentido do seu trabalho – e que, no entanto, trabalham, trabalham até o fim.

Esse curioso "no entanto" deve significar alguma coisa, e portanto também o trabalho deve ter um sentido. Haveria nesse trabalho, ainda que ele pareça ser mero divertimento, algo de ético, útil, social, que afinal talvez leve à "verdade salvadora", algo pelo qual todo um mundo desconcertado anseia? Tentei falar da vontade própria da literatura, de suas consequências inesperadas, e como seu espírito penetrou sem querer e inesperadamente nas escrevinhações engraçadas do jovem Tchekhov, elevando-as involuntariamente em termos morais. Esse processo se estende ao longo de toda a sua trajetória de escritor e pode ser reconhecido a cada passo dela. Um biógrafo disse acerca dele: "Para o desenvolvimento de Tchekhov, *em conexão com a sua ascensão para a maestria da forma*, é decisiva a sua relação com a sua época. É ela que determina a escolha dos assuntos, o desenho dos personagens e a condução da ação, podendo ser percebida em tudo, elevando-se aqui e acolá pela boca dos seus 'heróis' para a reflexão consciente, que deixa transparecer um instinto infalível e uma fina capacidade de distinção entre as forças que se rendem ao passado e as aproximações que apontam para o futuro." O que me interessa nesta observação é a afirmação de um elo entre a ascensão rumo à maestria da *forma* e a sensibilidade crescente e crítica quanto ao estado moral de sua época, isto é: a sensibilidade crescente para aquilo que é socialmente condenado e que decai e para aquilo que ainda está por vir; a relação, portanto, entre o estético e o ético. Não é essa relação que empresta à arte a sua dignidade, o seu sentido, a sua serventia, e que explica o valor incomum que Tchekhov dá ao trabalho, sua condenação de toda a existência de parasita, seu desprezo cada vez mais nítido por uma vida que, como ele diz, "está baseada na escravidão"?

Eis uma sentença dura para a sociedade burguesa capitalista, que preza sua própria humanidade e não quer ouvir falar em escravidão. Mas o nosso contista revela uma argúcia especial para a dubiedade do progresso humano e das condições sociais e morais depois da libertação dos camponeses na sua Rússia natal – condições que, no entanto, possuem indubitavelmente um valor geral. "Além do processo de evolução das ideias humanas", Tchekhov faz o seu "vagabundo" dizer, "podemos observar o de ideias de outro tipo. A servidão foi abolida, mas em compensação [ele poderia dizer: e por isso] prospera o capitalismo, e mesmo agora, quando as ideias libertárias estão florescendo, a maioria, como sempre, precisa alimentar, vestir e defender uma minoria, enquanto ela própria continua faminta, nua e indefesa. Um tal *status quo* vai bem com qualquer corrente de ideias, pois até *a arte da escravização é cultivada aos poucos*. Não surramos mais nossos servos, mas emprestamos formas mais sofisticadas à escravidão, pelo menos logramos justificá-la em cada caso individual. Honramos os ideais humanos, mas, se agora, no final do século XIX, tivéssemos a possibilidade de jogar para os trabalhadores até as nossas tarefas fisiológicas mais desconfortáveis, nós o faríamos e ainda diríamos, para nos justificarmos: se as melhores pessoas, os grandes pensadores e sábios, tivessem que desperdiçar seu tempo nessas tarefas, o progresso sofreria muito."

Este é um exemplo de sua maneira de ironizar a autocomplacência do burguês partidário do progresso. Como médico, Tchekhov cultivava um claro desprezo pelos meios paliativos com os quais esse burguês trata a doença social. É muito curioso como, na novela *Um caso médico*, a governanta da casa de um rico industrial, onde não faltam esturjão e vinho madeira, enfatiza a ação benfazeja desses meios paliativos: "Os trabalhadores estão extraordinariamente satisfeitos conosco", diz ela. "Todo inverno, fazemos apresentações de teatro na nossa fábrica; os próprios operários atuam, depois há palestras com diapositivos, um belo salão de chá e algumas outras coisas. Os operários nos são muito gratos e, quando souberam que a senhorita estava pior, encomendaram uma prece. Não são educados, mas também têm sentimentos."

O médico de cujo consultório se está falando, o médico-chefe Dr. Koroliov, que na verdade se chama Anton Tchekhov, balança a cabeça. "Ao olhar para a fábrica e os barracos em que os operários dormiam, ele voltou a refletir sobre tudo o que pensava quando via fábricas. Podia até haver teatro para os operários, palestras com diapositivos, médicos da empresa e diversas melhorias, mas os trabalhadores que encontrara no caminho da estação não se diferenciavam em nada daqueles que ele via na infância, quando não havia melhorias e peças de teatro nas fábricas. Como médico que tinha uma clara opinião sobre dores crônicas, cuja razão básica era desconhecida e incurável, via as fábricas como algo anormal, cuja razão de ser não podia ser identificada nem eliminada; e, embora não considerasse supérfluas as melhorias na vida dos operários da fábrica, ele as comparava com as terapias em casos de doenças incuráveis. ... Já que é preciso curar", ouve-se ele dizer, "então não se deve curar as doenças, e sim suas causas. ... As enfermarias, as escolas, as bibliotecas e as farmácias, dependendo das circunstâncias, só servem à escravidão – disto estou convencido." Convicção que não deve levar ninguém a esquecer que o próprio Tchekhov mandou erigir escolas e hospitais em seu município. Mas isso não lhe deu tranquilidade. Quanto mais ele viveu e escreveu, mais o seu pensamento se resume na afirmação de que "o mais importante é transformar a vida; todo o resto é inútil".

Porém como fazer isso, considerando que as condições estão mais do que "dadas" e tudo tem a sua necessidade incurável? Como responder à pergunta "O que fazer?". Essa interrogação inquieta se alastra por muitas personagens dos contos de Tchekhov. No mencionado *Um caso médico*, ele encontra a expressão "insônia honrosa". Trata-se da inteligente e infeliz senhorita, herdeira da fábrica e milionária, que chama o Dr. Koroliov porque não consegue dormir e tem crises nervosas. Ela própria diz: "Parece-me que eu não estou doente, mas apenas inquieta e cheia de medo porque tudo tem que ser desse jeito e não pode ser diferente." Para ele, está claro o que é preciso dizer a ela: "Abra mão o mais rápido possível das cinco fábricas e do seu milhão e expulse esse diabo!" E está igualmente claro para ele que ela também pensa assim e está apenas esperando a confirmação por parte de alguém em quem confia. Mas como dizer isso a ela? Temos vergonha de perguntar aos condenados por que foram condenados, de perguntar aos ricos para que precisam de tanto dinheiro, por que usam tão mal a sua fortuna e por que não abrem mão dela, mesmo quando veem nela a desgraça; e quando se começa uma conversa a respeito, geralmente ela transcorre de modo envergonhado, constrangido e tedioso. Por isso, ele lhe responde de maneira aberta, porém consoladora: "Na condição de dona de fábrica e rica herdeira, você está insatisfeita. Não acredita nos seus direitos e, por isso, não consegue dormir. Claro que isso é melhor do que se estivesse satisfeita, dormisse tranquilamente e pensasse que tudo estaria muito bem. *Você sofre de uma insônia honrosa.* Seja o que for, ela é um bom sinal. De fato, uma conversa como estamos tendo agora seria inimaginável com os seus pais; eles não conversavam à noite, dormiam profundamente; nós, da nossa geração, dormimos mal, sofremos, falamos muito e sempre tentamos decidir se estamos com a razão ou não. Já para os nossos filhos ou netos, tal questão – se estão ou não com a razão – já estará decidida. Eles enxergarão as coisas com mais clareza do que nós. A vida será bela daqui a cinquenta anos..."

Será mesmo? Devemos admitir que o ser humano é um ser desencontrado. Sua consciência, que é da parte do intelecto, jamais poderá ser harmonizada com a sua natureza, sua realidade, sua condição social, e sempre haverá "insônias honrosas" entre aqueles que, por alguma razão obscura, se sentirem responsáveis pela sorte e pela vida humanas. Se houve alguém que sofreu dessa insônia foi o artista Tchekhov, e toda a sua atividade poética foi insônia honrosa, a busca pela palavra correta, salvadora, à pergunta "O que devemos fazer?". Essa palavra dificilmente podia ser encontrada, se é que podia ser encontrada. Só uma coisa ele sabia com certeza: que o ócio é a pior coisa, que é preciso trabalhar, porque o ócio significa mandar trabalhar, explorar e oprimir. "Entenda", diz, no conto tardio "A noiva", aquele Sasha que, assim como Tchekhov, sofre de tuberculose e vai morrer, para Nádia, a moça que tampouco consegue dormir, "entenda: se, por exemplo, você e sua mãe e sua avó não fazem nada, isso significa que outros trabalham para vocês, que você explora a vida do seu próximo em seu favor, e que isso seria correto – não é injusto? ... Minha querida, viaje! Mostre a todos que está farta dessa vida imóvel, cinzenta, pecadora! Mostre a si mesma!... Juro que não se arrependerá. Você viaja. Vai estudar e se deixar guiar pelo seu destino. No momento em que tiver remodelado a sua vida, tudo se modificará. O principal é transformar a vida, todo o resto é secundário. Então, viajamos amanhã?" E Nádia de fato viaja. Abandona sua família, seu noivo insignificante, abre mão do casamento e foge. É a fuga dos laços da classe, de uma forma de vida percebida como moribunda, falsa e "pecadora", que volta repetidamente nas histórias de Tchekhov, a mesma fuga pela qual se decide Tolstói, já idoso, no último instante.

Mais tarde, quando Nádia, a noiva fugitiva, volta para casa, parece-lhe que "tudo na cidade já envelheceu e já ficou gasto e apenas espera: o fim ou um novo começo, fresco, uma nova vida clara". Tal vida haveria de iniciar-se mais cedo ou mais tarde. "Haverá um tempo em que não restará nenhum traço da casa da vovó, onde tudo era arrumado de modo a que quatro empregados só poderiam morar no porão, num cômodo, em meio à sujeira, um tempo em que ninguém se lembrará mais da casa." Foi o pobre Sasha quem disse: "Da sua cidade, não restará pedra sobre pedra – o que está por cima será varrido para baixo e tudo será transformado como que por magia. E aqui haverá casas enormes e maravilhosas, lindos jardins com cascatas, e pessoas notáveis estarão vivendo aqui e cada qual saberá para que está vivendo..." Eis uma das eufóricas visões do futuro que esse poeta – sabendo que "a vida é um problema sem saída" – ocasionalmente permite a si ou a um de seus personagens. São visões de caráter levemente tenso; poderiam parecer delicados devaneios de um tísico, quando fala do "tempo talvez próximo, quando a vida será tão clara e cheia de alegria como uma tranquila manhã de domingo". Os contornos de sua visão de um futuro de perfeição social são vagos. É a imagem de uma união entre verdade e beleza fundamentada em trabalho. Mas não haveria em seu sonho de "casas enormes e maravilhosas com lindos jardins e cascatas", que um dia se elevarão no lugar da cidade morta que apenas espera o seu fim, algo do ímpeto de construção socialista com que a Rússia moderna, apesar de todo o horror que causa, de toda a hostilidade, impressiona o Ocidente?

Tchekhov não tinha nenhuma relação com a classe operária e nem estudou Marx. Não era um poeta do operariado, como Górki, ainda que fosse um poeta do trabalho. Mas encontrou sons de tristeza social que tocavam o coração de seu povo, como na narrativa de costumes grandiosamente triste *Os mujiques*, na qual, durante uma festividade religiosa, a imagem da santa é levada em procissão de uma aldeia para a outra. Uma enorme multidão de locais e de forasteiros avança em meio ao barulho e à poeira em direção à santa, todos estendem os braços para tocá-la, olham para ela avidamente e dizem, gemendo: "Salvadora! Mãezinha!" "Era como se todos subitamente compreendessem que entre a terra e o céu não havia apenas um vazio, que os ricos e poderosos ainda não haviam agarrado tudo, que ainda havia uma proteção contra ofensas, contra a escravidão, a miséria árdua e insuportável, a terrível aguardente... Salvadora, mãezinha! Mal havia terminado a missa e a imagem tinha sido levada, tudo continuava da mesma maneira, e novamente se podiam ouvir as vozes rudes e bêbadas da estalagem." Eis um trecho genuíno de Tchekhov, em sua comoção e sua amargura com o fato de que tudo continua a ser como sempre, e não me admiraria se estas imagens fossem a base da popularidade do escritor, que se manifestou de forma quase surpreendente por ocasião de sua morte e de seu funeral em Moscou. Um jornal fiel ao governo foi levado a afirmar que aquele Anton Pavlovich pertenceu às "aves voadoras da Revolução".

Ele não parecia uma ave de tempestade, tampouco tinha ares de camponês que se tornou gênio ou de pálido criminoso à maneira de Nietzsche. As fotos mostram um homem esguio, com os trajes típicos do final do século XIX, colarinho engomado, um pincenê pendurado numa corrente, barbicha e traços harmônicos, um pouco sofredores, de uma gentil melancolia. Esses traços expressam atenção inteligente, modéstia, ceticismo e bondade. É o rosto, é a postura de alguém que não faz muito caso de si. Não há traço de pretensão. Se ele via a sabedoria de Tolstói como "despótica" e chamou as obras de Dostoiévski de "boas, porém imodestas, pretensiosas", podemos imaginar como deve ter lhe parecido grotesca a pompa vazia. Onde quer que represente a fatuidade, Tchekhov pode ser muito engraçado. Faz muitas décadas que em Munique certa vez vi no palco um de seus dramas, *Tio Vania*, uma daquelas peças silenciosas que vivem puramente da sensibilidade para com situações moribundas, impossíveis, que existem apenas na ficção, como a existência dos latifundiários – e que substituem todos os efeitos dramáticos pela intensidade mais forte e fina da ambiência lírica, numa atmosfera de fim e de adeus. Ali surge uma pessoa famosa e senil, a caricatura do herói de "Uma história enfadonha", um professor que escreve sobre arte, da qual não entende nada, e que de resto tiraniza a casa inteira com seus choramingos sobre a idade que avança, sua importância apenas aparente e sua podagra[4] – uma nulidade convencida de sua dignidade. Ao beijá-lo, uma senhora diz para ele: "*Precisa se mandar fotografar novamente, Alexander Vladimirovich*, e me mandar uma foto, o senhor sabe o quanto me é caro!" A vida inteira sempre tive que rir ao me lembrar desse "Precisa mandar tirar uma fotografia, Alexandre Vladimirovich!", e a culpa é de Tchekhov quando às vezes penso sobre esse ou aquele: "Esse aí também devia se mandar fotografar!"

Bem, ele mesmo se deixou fotografar quando era necessário, e são fotos de total despretensão. Não testemunham uma vida interior muito movimentada – é como se esse homem tivesse sido modesto demais também para a paixão. Seu currículo não mostra nenhuma grande paixão por uma mulher, e os biógrafos têm a impressão de que ele, que sabia falar tão bem do amor, nunca experimentou o fervor erótico. Em Melichovo, no campo, uma bela e temperamental rapariga, Lídia Misinova, que o visitava frequentemente, apaixonou-se mortalmente

---

[4] Primeira manifestação clínica da gota.

por ele, e Tchekhov se correspondeu com ela. Mas suas cartas de amor conservaram um tom irônico, revelando a timidez diante de qualquer sentimento mais profundo, que talvez a sua doença lhe tivesse incutido. A bela Lídia confessou que ele a desprezou duas vezes, fazendo com que ela se resignasse a Potapenko (aliás, casado), outro visitante de Melichovo. Mas, mesmo que não tivesse interesse pelo assunto, Tchekhov soube fazer uso dele – entretecendo o episódio à sua peça mais encenada entre nós, *A gaivota*.

Tchekhov só veio a se casar três anos antes de morrer. O casamento aconteceu graças à sua feliz relação com o Teatro de Arte de Moscou e à sua amizade com Stanislavski; a eleita foi a talentosa atriz Olga Knipper. Ainda existem cartas que ele escreveu para ela, cartas manuscritas, extremamente cuidadosas com o sentimento, mas sempre no âmbito do irônico e do brincalhão.

Os últimos anos em Ialta, na Crimeia, onde foi obrigado a viver por causa da sua moléstia dos pulmões e onde todo o Teatro de Arte vinha visitá-lo para lhe mostrar suas peças, foram talvez os mais felizes de sua vida, por causa do casamento, da amizade com Górki, também pela relação respeitosa com Lev Tolstói, que, convalescente, residiu por algum tempo num castelo perto de Ialta. O doente ficou feliz como uma criança ao ser eleito membro de honra da Classe de Letras da Academia de Ciências de São Petersburgo. Mas quando, dois anos depois, a eleição de Górki foi vetada pelo governo, que alegou as ideias radicais do escritor, Tchekhov entregou o cargo em protesto, assim como Korolenko.

Seu último conto foi "A noiva" (1903), sua última peça, *O jardim das cerejeiras* (1904) – dois textos em que um espírito preparado com tranquilidade para a dissolução faz pouco caso de sua doença, sua morte, continuando a semear a esperança à beira do túmulo. Sua obra, que abriu mão da monumentalidade épica, encerra em si toda a vasta Rússia de antes da revolução, com sua natureza eterna e suas eternas condições sociais "desnaturadas". "A insolência e o ócio dos fortes, a ignorância e a bestialidade dos fracos, e, ao redor, a pobreza indescritível, o sofrimento, a degradação, a bebida, a hipocrisia, a mentira..." – o fim vai se aproximando, mas a luz radiante de fé no futuro circunda a imagem escura de modo mais comovente, o olhar amoroso do poeta brilha com mais força ao vislumbrar a comunidade humana do futuro, orgulhosa, livre e ativa, as "novas, elevadas e serenas formas de vida, que já intuímos e talvez quase pisamos".

"Adeus, meu querido Sasha", diz Nádia, a noiva, ao morto que a convenceu a fugir de uma falsa existência. "E diante dela surgiu uma nova vida, ampla e livre, e essa nova vida, ainda pouco nítida e cheia de segredos, vinha chamá-la e atraí-la." Um moribundo escreveu isso, e talvez seja apenas o segredo da morte que vem chamá-lo e atraí-lo. Ou devemos acreditar que a nostalgia e o anseio poéticos realmente são capazes de transformar a vida?

Quero dizer que escrevi estas linhas com profunda simpatia. Fui cativado pela poesia de Tchekhov. Sua ironia diante da fama, sua dúvida quanto ao sentido e ao valor de sua atividade, a falta de crença em sua grandeza têm tanto de uma grandeza silenciosa e modesta! "A insatisfação consigo mesmo constitui um elemento básico de todo talento genuíno", disse ele. Nessa frase, a modéstia assume feição positiva. "Seja feliz com sua insatisfação", diz ela. "Ela prova que você é muito maior do que os autocomplacentes – talvez até grandioso." Mas Tchekhov não mitiga nunca o teor genuíno da dúvida, da insatisfação, nem o trabalho, o fiel e incansável trabalho, até o fim. Consciente de que não se conhecem as respostas às últimas perguntas, suspeitando sempre que está enganando o leitor, persiste em seu estranho "porém". Estaria divertindo, com suas histórias, um mundo condenado, sem nunca o pôr na pista de uma verdade salvadora? Para a pergunta da pobre Kátia – "o que devo fazer?" – só existe uma resposta: "Pela minha honra e a minha consciência: não sei." Porém Tchekhov continua trabalhando, contando histórias, moldando a verdade e divertindo um mundo precário, na escura esperança, quase na confiança, de que a verdade e a forma serena podem libertar as mentes, podem preparar o mundo para uma vida melhor, mais bela, mais adequada ao espírito humano.

Créditos

Fontes dos textos

Sobre Heinrich Heine
["Über Heinrich Heine"], in *Thomas Mann – Gesammelte Werke*, vol.XIII, Frankfurt, Fischer, 1974 [1927], p.823-4.

Ibsen e Wagner
"Ibsen und Wagner", in *Thomas Mann – Gesammelte Werke*, vol.X, Frankfurt, Fischer, 1974 [1928], p.227-9.

Tolstói – no centenário de seu nascimento
"Tolstoi. Zur Jahrhundertfeier seiner Geburt", in *Thomas Mann – Gesammelte Werke*, vol.X, Frankfurt, Fischer, 1974 [1928], p.233-8.

***In memoriam* Hugo Von Hofmannsthal**
"*In memoriam* Hugo Von Hofmannsthal", in *Thomas Mann – Gesammelte Werke*, vol.X, Frankfurt, Fischer, 1974 [1929], p.453-8.

Discurso sobre Lessing
"Rede über Lessing", in *Thomas Mann – Gesammelte Werke*, vol.IX, Frankfurt, Fischer, 1960 [1929], p.229-45.

Goethe como representante da era burguesa
"Goethe als Repräesentant des bürgerlichen Zeitalters", in *Thomas Mann – Gesammelte Werke*, vol.IX, Frankfurt, Fischer, 1960 [1932], p.297-332.

Dostoiévski, com moderação
"Dostojewski – mit Maszen", in *Thomas Mann – Gesammelte Werke*, vol. IX, Frankfurt, Fischer, 1960 [1946], p.656-74.

Hermann Hesse – homenagem ao seu 70º aniversário
"Hermann Hesse – zum siebzigsten Geburtstag", in *Thomas Mann – Gesammelte Werke*, vol.X, Frankfurt, Fischer, 1974 [1947], p.515-20.

Bernard Shaw

"Bernard Shaw", in *Thomas Mann – Gesammelte Werke*, vol.IX, Frankfurt, Fischer, 1960 [1950], p.794-803.

Gerhart Hauptmann

"Gerhart Hauptmann", in *Thomas Mann – Gesammelte Werke*, vol.IX, Frankfurt, Fischer, 1960 [1952], p.804-15.

Fragmento sobre Zola

"Fragment über Zola", in *Thomas Mann – Gesammelte Werke*, vol.X, Frankfurt, Fischer, 1974 [1952], p.930-2.

Ensaio sobre Tchekhov

"Versuch über Tschechow", in *Thomas Mann – Gesammelte Werke*, vol.IX, Frankfurt, Fischer, 1960 [1954], p.843-69.

A editora agradece a colaboração de Samuel Titan na seleção final destes textos.

Nota da Tradutora

O leitor encontrará um depoimento mais elaborado a respeito desse trabalho de tradução no site da editora – www.zahar.com.br. Aqui cabe dizer que foi um desafio enorme e que as imperfeições são inevitáveis. Puderam ser contornadas aqui e acolá através de estratégias compensatórias, resgatando-se uma aliteração quando não se pode salvar uma rima e assim por diante. No balanço dos ganhos e das perdas, temos certeza de que o leitor brasileiro sentirá o resultado de um imenso rigor e de muita paciência. Meus agradecimentos especiais a Samuel Titan e Johannes Kretschmer, parceiros nessa empreitada, à editora Zahar, que resgata um projeto guardado há décadas na gaveta de Jorge, seu fundador, e ao mestre Berthold Zilly, que com seu enorme saber e grande experiência ajudou a destrinchar muitas das ciladas que Thomas Mann nos legou.

Kristina Michahelles